法學啟蒙叢書

民法系列——

抵押權

■ 黃鈺慧　著

Mortgage

Mortgage

Mortgage

Mortgage

Civil Law

三民書局

國家圖書館出版品預行編目資料

抵押權 / 黃鈺慧著. －－初版一刷. －－臺北市: 三民,
2008
　　面;　　公分. －－(法學啟蒙叢書)
參考書目: 面
ISBN 978－957－14－5058－2　(平裝)
　1. 抵押權

584.26　　　　　　　　　　　　　　　97010026

©　抵　押　權

著 作 人	黃鈺慧
責任編輯	高于婷
美術設計	陳健茹
發 行 人	劉振強
著作財產權人	三民書局股份有限公司
發 行 所	三民書局股份有限公司
	地址　臺北市復興北路386號
	電話　(02)25006600
	郵撥帳號　0009998-5
門 市 部	(復北店)臺北市復興北路386號
	(重南店)臺北市重慶南路一段61號
出版日期	初版一刷　2008年8月
編　　號	S 585720

行政院新聞局登記證局版臺業字第○二○○號

ISBN　978-957-14-5058-2　(平裝)

http://www.sanmin.com.tw　三民網路書店

自 序

　　首先感謝三民書局法學啟蒙叢書系列企畫者之邀稿，使得《抵押權》一書得以誕生。

　　我國民法因繼受德國法，因此法律之基本概念抽象難以理解，而法條與法條間之關係更是錯綜複雜，不僅一般人無法了解，因而對法律規範產生畏懼及疏離感，即使法律系之學生亦難以望法條之文義而知如何解釋及適用。因此本書儘量以淺顯之文字及生活化之案例，說明及解釋法律之基本概念及規定，希望藉此方式引發學習者之興趣，進而幫助其具體正確地掌握法律規定的意義及內涵而知如何運用。撰寫本書之過程中適逢擔保物權法修正通過，修正條文中新增於實務中已行之有年之最高限額抵押權制，本書也以相當之篇幅予以介紹，並附上原有條文與新修正條文之對照表以供參考比較。抵押權乃擔保物權中運用最廣也最頻繁之制度，故於實際運作上所產生之問題也最多，礙於篇幅且為顧及非法律系學生之一般讀者，本書無法網羅全部之問題，只能選擇其中最基本及最重要者予以討論，避開爭議繁多之法律見解及艱深之法理探討，此點尚請讀者見諒。作者才疏學淺，本書中掛漏謬誤之處，自所難免，敬祈先進隨時指正。

　　本書之完成，感謝三民書局之鼎力支持，在此特致謝意。同時感謝銘傳大學碩士班莊惠閔同學，於收集資料及文稿校正上之協助。

黃鈺慧

二〇〇八年七月一日

抵押權

Mortgage

contents

▶▶▶　第三章　**抵押權對抵押人之效力**　　37

第四章　抵押權對抵押權人之效力　77

第六章　最高限額抵押權 147

第 *1* 章

導　論

　　物權法中除所有權之外，於實際生活中最為人所熟知及運用最廣的機制，非抵押權莫屬。同屬擔保物權者，雖有抵押權、質權、留置權等，但是此三種擔保物權中，因為不動產之價值穩定、變動小且價值高，因此抵押權所具有之融資功能最為強大，在資本市場中也是最受歡迎的。以今日社會之經濟狀況來看，小至個人購屋時，常以所購之房屋設定抵押權擔保其房屋貸款債權，大至企業為經營產業，亦大都需提供企業所有之廠房等不動產設定抵押權以獲得金融機構之融資。也就是說，個人或企業經營者皆應對抵押權這一機制有基本之認識。本書之目的，不僅希望學習法律者可以藉由本書對抵押權法之研讀有一入門之機會，更希望社會大眾藉由本書能對抵押權有一初步之認識，且運用抵押權機制有問題時，能於本書找到答案。因此撰寫時儘量舉實例說明法律之概念、法條之意義及應如何適用。

　　本書從第二章開始，先介紹擔保物權之基本概念及功能，再說明抵押權之意義及特性，以及如何取得抵押權等。因為抵押權之效力是抵押權法制的核心，第三章開始即將重點放置於抵押權設定後其對抵押物、抵押人及抵押權人所產生之效力。先於第三章剖析抵押權對抵押人之效力，包括抵押權標的物的範圍及抵押權所擔保之債權範圍，以及抵押人對抵押之不動產的處分權限是否因抵押權之設定而受影響等問題。第四章則是抵押權對抵押權人所產生之效力，此部分不僅涉及抵押權人對抵押物之保全及對抵押權之處分，尚包括抵押權之實行。抵押權為財產權，權利人當然可任意處分之，但是抵押權之次序權的處分應如何為之，以及次序權之處分對抵押權之優先受清償的權利及範圍有何影響，以前民法並無規定，九十六年三月二十八日擔保物權法修正後，抵押權人對抵押權次序權之處分即有可遵循之規範。

　　本書於抵押權之效力之後，以一專章介紹權利抵押權、承攬人之抵押權及共同抵押權等特殊抵押權。我國民法因視建築物為一獨立之物，非為土地之成分，為顧及抵押權之實行，因此很少僅以土地或建築物為標的物設定抵押權，通常都是同時以土地及建築物為標的物而設定共同抵押權。

抵押權之原條文中有關共同抵押權之規定僅有第八百七十五條，該條規定只論及抵押權人之選擇權，對共同抵押人內部之分擔額及後次序抵押權人之保障等問題未有解決之規定，幸而九十六年三月擔保物權法之修正提供了解決之道，就此等新增訂之規定本書亦於第五章特殊抵押權中予以詮釋。

　　九十六年三月通過公布之擔保物權法，其中一大重點，即是將「最高限額抵押權」納入法典，置於民法抵押權章中之第二節。在此之前，民法中對於最高限額抵押權之規定付之闕如，但是實務上卻早已行之有年，學說上之討論更是不計其數，最早於民國六十二年即有判例出現❶，而且於實務有愈來愈盛行之趨勢，為符合現實之需要，九十六年三月擔保物權法修正時，一次增訂了十七個條文，其重要性可見一斑，因此本書將最高限額抵押權單獨列為一章，對新增訂之十七條規定詳細分析及闡述。最後為了使讀者對於抵押權之原有條文及新修正之條文間有何不同能有所了解，遂附上抵押權章修正條文對照表，以供參考。

　　於進入抵押權制度之說明前，本書試著將抵押權之當事人間之法律關係圖示如下：

一、當債務人為抵押人時

　　當債務人有融資之需要時，大多數是由債務人提供自己所有之不動產設定抵押權給債權人，以擔保債權之清償。此時，債務人與抵押人為同一人，其與抵押權人之關係可簡化如下圖：

債務人甲 ——————擔保債權之契約—————— 債權人乙
（大多為第四百七十四條之消費借貸契約）

債務人甲 ——————擔保契約—————— 債權人乙
約定設定抵押權擔保上述債權

抵押人甲（所有人）——————設定抵押權—————— 抵押權人乙
第七百五十八條之「設定契約」及「登記」

---

❶ 六十二年臺上字第七七六號判例。

二、當債務人非抵押人時

　　另外有一種情形是債務人無法自己提供抵押物，而由第三人提供不動產設定抵押權給債權人，以擔保債權之清償。此時，抵押人因提供自己之不動產擔保債權，又稱為物上保證人，債務人、抵押人及抵押權人間之法律關係可簡化如下圖：

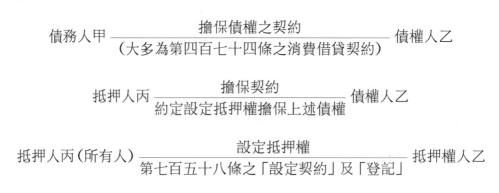

債務人甲 ———————擔保債權之契約———————— 債權人乙
　　　　　　（大多為第四百七十四條之消費借貸契約）

抵押人丙 ————————擔保契約———————— 債權人乙
　　　　　　約定設定抵押權擔保上述債權

抵押人丙（所有人）————————設定抵押權———————— 抵押權人乙
　　　　　　第七百五十八條之「設定契約」及「登記」

第**2**章

抵押權之概說

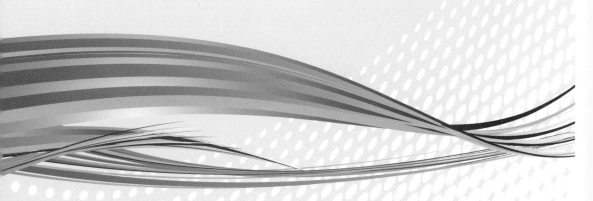

第一節　擔保物權之總說

一、擔保物權之意義

擔保物權者，係指以確保清償債務為目的，於債務人或第三人所有之物或權利上所設定之一種物權。民法中雖無擔保物權之名稱，抵押權、質權、留置權等三種物權，均係為確保債權之履行而設，同為從屬於債權之權利，就此點言，其性質相同，故學說上稱此三種物權為擔保物權。其他特別法所規定之抵押權，如動產擔保交易法所規定之動產抵押權、民用航空法上之航空器抵押權、海商法上之船舶抵押權、國民住宅條例上之抵押權等，均屬於擔保物權之範圍。

二、擔保物權之特質

擔保物權是定限物權之一種，是所有權人將所有權之交換價值支配的權能從所有權中分割獨立出來，而設定之物權。擔保物權之權利人可以直接將標的物之交換價值，變換為價金或其他足以使債權獲得滿足之某種價值，使受擔保之債權獲得優先清償，因此又稱之為價值權或換價權❶。

擔保物權與用益物權有下列之差異：⑴擔保物權是以支配標的物之交換價值為內容，擔保債務之清償為目的，所以權利人對標的物不須有客觀有形之支配，標的物之使用收益仍保留於提供擔保者之手。用益物權是以支配標的物之用益價值為內容，以取得標的物之利用為目的，所以必須對標的物為有形之支配，即占有標的物，否則無法達到設定之目的。⑵擔保物權是為確保債務之清償而存在，與債權結合是必然的。擔保物權須待受擔保債權屆期未受清償才能實行，而其權利實行時，才是權利人取得標的物之交換價值之時，同時也是擔保物權權利消滅時。就此點言，擔保物權

---

❶　史尚寬，《物權法論》，第二二五頁；謝在全，《民法物權論》(中)，第三五三頁；劉得寬，〈抵押權之附從性與特定性〉，《民法諸問題與新展望》，第三四三頁。

目的的實現是屬將來。用益物權則是為使用收益標的物而存在，其權利內容本身即為目的，不須另外與其他權利相結合。用益物權一經設定，權利人即可開始占有使用標的物，用益物權設定目的之實現是屬現在的。(3)用益物權是以利用標的物為目的，標的物消滅，權利人當然無從再加以利用，物權即歸於消滅。但是擔保物權是以支配標的物之交換價值為內容，標的物滅失時，如其交換價值仍存在，擔保物權即移存於該交換價值上，物權並不消滅，是「物權之標的物滅失，物權隨之消滅」原則的例外。

擔保物權之價值權的特性，於不以占有標的物為內容之抵押權及權利質權最為明顯，動產質權及留置權次之。擔保物權雖是以支配標的物之交換價值為內容，但是用益價值之高低常是決定交換價值高低之關鍵，兩者關係密切，為確保交換價值，擔保物權之效力於必要時須及於標的物之用益價值，民法第八百七十一條抵押權人之抵押物保全請求權即是為此而設之規定。以動產為標的物之動產質權及留置權，如果權利人也如抵押權之權利人不占有標的物，容許提供擔保者占有標的物繼續使用收益標的物，容易使得標的物之用益價值因此而減損，造成標的物之交換價值隨之減損而影響及擔保物權設定目的之實現，所以動產質權及留置權之權利人須占有標的物以確保標的物交換價值之保存。因此擔保物權所支配者雖是標的物之交換價值，卻往往也為確保交換價值而限制所有人之使用收益，甚而剝奪擔保人之使用收益標的物，如同剝奪擔保人之標的物所有權。

三、擔保物權之分類

(一)法定擔保物權與意定擔保物權

擔保物權依其發生之原因為標準，可區分為法定擔保物權與意定擔保物權。於一定條件下，因法律規定當然發生之擔保物權，為法定擔保物權。此種物權只要一定要件具備，法律上即當然發生，不問當事人之意思如何，例如留置權、優先權及法定抵押權（國民住宅條例第十七條、第二十七條）等皆屬之。

　　依當事人之意思所設定之擔保物權，為意定擔保物權，例如一般之抵押權及質權。意定擔保物權，除我民法物權編所規定之抵押權及質權外，尚有「讓與擔保」與「所有權保留」二者，亦係物的擔保之另一形態。

　　法定擔保物權所擔保之債權，大多是因就擔保標的物，施予勞務、技術、或供給材料，保全或增加該標的物之價值而生，例如法定抵押權就是最典型之例子，法律為鼓勵因此所創造之經濟價值，特許擔保物權之成立。法定擔保物權擔保之債權係對成立擔保之標的物支出一定費用而生，又稱為費用性擔保物權。意定擔保物權，則是擔保者用來創造信用獲得融資之手段，所以又稱為融資性擔保物權。

㈡留置性擔保物權與優先受償性擔保物權

　　擔保物權之主要效力有二，即一為留置效力，一為優先受償效力。前者乃債權人占有債務人主觀價值較高之物，間接予債務人以心理上之壓迫，而促其清償債務。後者則是將擔保標的物之使用價值仍歸債務人保留，債權人僅掌握其交換價值，將來即就此而優先受償。前者如留置權，後者如優先權及抵押權。兼具兩種特性者為質權。優先受償性擔保物權之功用較留置性擔保物權大，因為留置性之擔保物權，可使標的物之利用價值進入冬眠狀態，不但於社會經濟不利，也不為擔保人所喜愛，因此優先擔保物權之受重視不言可喻。

㈢動產、不動產、權利與一般或特定財產擔保物權

　　這是以擔保物權之標的物而作之分類。動產擔保物權，如留置權及動產質權，不動產擔保物權，如抵押權。權利擔保物權，如權利質權。一般或特定財產擔保物權，乃指優先權。

　　優先權有存於債務人之一般財產之上者，如工會法第三十八條及勞動基準法第二十八條之優先權，有存於債務人特定財產之上者，如海商法上之優先權。

(四)占有擔保物權與非占有擔保物權

　　擔保物權依是否移轉擔保標的物之占有為標準，可區分為占有擔保物權與非占有擔保物權。前者是以標的物移轉於債權人占有，為其成立與存續要件之擔保物權，例如質權、留置權。後者則不以標的物移轉於債權人之占有為要件，擔保人仍可繼續使用收益擔保標的物之擔保物權，抵押權即為其例。非占有擔保物權，其標的物之使用收益權因仍存於擔保人手上，所以擔保權人對於標的物如何使用收益不能加以干涉。如此一來，非占有擔保物權會使得標的物之用益價值及交換價值完全發揮其作用，但是對擔保權人就交換價值之支配卻有難以完全掌握之缺點。

(五)典型擔保物權與非典型擔保物權

　　這是以擔保物權制度是否為法律所規定，目的在於是否直接擔保債權為區別標準，而區分為典型擔保物權與非典型擔保物權。典型擔保物權是法律所規定，直接以擔保債權為目的者，例如抵押權、質權與留置權。後者則非法律所規定用以擔保債權之制度，但因其內在具有或兼具擔保債權之功能，社會交易上乃將之運用於債權擔保之制度，例如典權、讓與擔保、附條件買賣、買回、代理受領、備償專戶、抵銷、融資租賃等，又稱為不規則擔保❷。此類非典型擔保可以彌補典型擔保之缺陷及不足，在擔保制度之發展及運作上，具有相當之地位。除已有法律規定者外，如何以立法將之導入成文法體系，以避免特定債權人濫用，損及其他債權人之利益，或使債務人失去保護，是一重要課題。

(六)定限型擔保物權與權利移轉型擔保物權❸

　　擔保物權以其權利構造型態為標準，可區分為定限型擔保物權及權利移轉型擔保物權。前者是以標的物設定具有擔保作用之定限物權為其構造

---

❷　謝在全，《民法物權論》(中)，第三四九頁～第三五〇頁。

❸　謝在全，《民法物權論》(中)，第三四八頁～第三四九頁。

型態之擔保物權，只是標的物部分權利之移轉，如占有權或處分權之移轉，標的物所有權仍存在設定人之手，民法所規定之擔保物權皆屬之。後者則是以標的物所有權或其他標的之權利移轉於擔保權人為其構造型態之擔保物權，因此於權利外觀上，標的物之所有權或其他標的之權利已移轉於擔保權人，也就是標的物全權利之移轉，讓與擔保為典型之代表，我國動產擔保交易法所規定之附條件買賣與信託占有都具有此項特質。

第二節　抵押權之意義

抵押權意義有廣義及狹義之區別，狹義之抵押權是指民法物權編第六章第一節所規定之普通抵押權（第八百六十條），廣義抵押權則除此普通抵押權外，尚包含其他特殊抵押權多種。此所敘述者為狹義抵押權之意義。民法第八百六十條規定：「稱普通抵押權者，謂債權人對於債務人或第三人不移轉占有而供其債權擔保之不動產，得就該不動產賣得價金優先受清償之權。」❹因此抵押權之意義如下：

一、抵押權為擔保物權

抵押權是就供擔保之不動產所賣得之價金優先受清償之權，也就是以支配不動產之交換價值，確保債權之清償為目的，具有優先清償效力之擔保作用，自屬擔保物權。

二、抵押權是由債務人或第三人就其不動產設定之物權

抵押權之標的物為不動產，故為不動產擔保物權。不動產指土地及其上之定著物，抵押權不僅可就土地設定，也可就房屋設定。抵押權雖有以地上權、永佃權、典權、礦業權、漁業權為標的物，但此皆屬特殊抵押權

---

❹　未修正前之條文為：「稱抵押權者，為對於債務人或第三人不移轉占有而供擔保之不動產，得就其賣得價金受清償之權。」抵押權所擔保者為債權，而所受清償者亦其債權，但舊有條文未標明「債權」，易使人誤解受清償者為抵押權，為避免疑義，遂仿德國等之立法例，修正第八百六十條之規定。

之範圍，不符狹義抵押權之意義。

抵押權是約定擔保物權，因為抵押權是由債務人或第三人就其不動產所設定。抵押權是為確保債務之清償而設定，所以抵押權標的物之不動產需為債務人或第三人所有。物權因混同之結果，有可能會有抵押權存在於權利人自己之不動產上之情形出現，但這是特殊情形非常態。外國立法例有所謂之「所有人抵押權」，抵押權存在於權利人自己所有之不動產，但我國民法未引進這種制度。抵押權是為支配標的物之交換價值以確保債務之清償，其標的物當然必須具有讓與性，如果不具讓與性，於抵押權實行時無從變價，抵押權之擔保作用就無法實現，與其存在之目的相違背。

三、抵押權是不移轉標的物占有之物權

抵押權之成立與存續都不以移轉標的物之占有為必要，為非占有擔保物權。當事人設定需移轉標的物占有之抵押權，是違反物權法定主義。其移轉占有之行為應為無效，但除去該無效部分抵押權仍可成立[5]。

抵押權之設定，不以抵押之不動產移轉占有為要件，但是當事人間除設定抵押權外，另外再約定將抵押物交予債權人使用收益用以抵償債權所生之利息，並由債權人負擔抵押物之稅捐，此約定未違反抵押權之本質，與抵押權之設定無關，當然為法律所允許[6]。

基於抵押權是非占有擔保物權之性質，抵押物仍由抵押人占有，因此抵押物之使用收益仍歸屬於抵押人，凡是依抵押物通常用法之用益，於抵押權實行前抵押權人原則上都不得干涉。

四、抵押權是就標的物所賣得之價金而優先受償之物權

擔保物權的作用，有僅在留置其物予債務人以心理上之壓迫，有僅在就其標的物之交換價值而優先受清償者，抵押權是屬於後者。抵押權人對於抵押物既然不占有，當然無留置作用，而只能於所擔保之債務不獲清償

---

[5]　謝在全，《民法物權論》（中），第三六二頁。

[6]　五十四年臺上字第一八七〇號判例。

時，拍賣抵押物，以賣得價金受償。未修正前民法第八百六十條雖無「優先」之字樣，但原第八百七十四條中有「抵押物賣得之價金，按各抵押權人之次序分配之」的規定，而且原第八百七十七條有「但對於建築物之價金，無優先受清償之權」之但書規定，由此可見，抵押權人就抵押物賣得之價金有優先受償之權❼。為避免爭議，修正第八百六十條，重新明定抵押權之意義，將「優先受償」之字樣明示於條文。

優先受償首先是對債務人之其他普通債權人而言，抵押權人就抵押物賣得之價金，有優先於普通債權人受清償之權。其次則是抵押權人彼此之間，先次序之抵押權人有優先於後次序之抵押權人就抵押物賣得價金優先受償之權。如果債務人受破產宣告時，抵押權人有別除權，仍可就抵押物賣得價金優先受償。抵押權人所能優先受償者，以抵押物賣得之價金為限，若是抵押物賣得之價金不足以清償所擔保之債權時，該不足清償部分，對於債務人其他財產所賣得之價金，無優先受償之權。

第三節　我國抵押權之近代發展

民法抵押權制度之設置濫觴於滿清末年第一次民律草案。第一次民律草案，於物權編參考德國之立法例，設置有抵押權、土地債務、不動產質權等不動產擔保物權。但因我國習慣上無土地債務及不動產質權，因而於第二次民律草案中刪除土地債務及不動產質權，另置入我國習慣特有的典權一章，將之以用益物權之型態出現。民國十八年公布，十九年施行之現行民法物權編，除增設留置權外，原先已規定之動產質權、權利質權及抵押權保持不變，是以抵押權為意定、不動產、非占有擔保物權，以質權為意定、動產、占有擔保物權之擔保物權體制因此確立。

民法物權編制定後，隨著社會及經濟之需要，抵押權制度有下列之發展：

---

❼　二十八年上字第二五二號判例：「抵押權人就抵押物賣得之價金，有優先於他債權人而受清償之權，此在民法第八百六十條雖無優先字樣，而依民法第八百七十四條及第八百七十七條但書之規定，甚為明顯。」

一、抵押權標的物範圍之擴大

抵押權之標的物原限定於不動產，為因應經濟上之需要及發展，抵押權之標的物不再限於不動產，逐漸擴展到動產。民國十八年所實施之海商法中的船舶抵押權的規定，首先打破抵押權僅限於不動產之限制，民國四十二年施行之民用航空法，繼海商法後，明文規定航空器也可以為抵押權之標的物。動產設定質權時須移轉動產之占有於債權人，設定人因而喪失動產之利用權，對企業經營者十分不利，因此只能以不動產設定抵押權而以動產設定質權之制度，隨著工商社會之發展及機器設備價值之高漲，與企業經營者融資之需求日益殷切，不能不有所變通。有鑑於此，民國五十二年所制定通過而於五十四年六月十日實施之動產擔保交易法，終於將動產抵押權納入擔保物權法的體系，使得機器設備工具原料等有價值之動產可以成為抵押權之標的物，更是抵押權制度一大突破。

二、財團抵押制度之立法

基於一物一權原則，若要於多數之標的物上設定抵押權，須分別就每一個標的物設定。現代企業之土地、廠房、機器或其他之設備工具，雖皆為獨立之物，卻必須互相結合才能提高其經濟價值，如果於設定擔保物權時，仍須遵循一物一權之原則，就各個標的物分別設定，不僅增加當事人之麻煩，也可能無法達到企業主融資之需求。反之，如果能將這些土地機器等視為一有機之結合體，允許企業主以此有機結合體當作單一標的物設定抵押權，一定能夠提高整體之價值，使企業主獲得較高之融資，幫助企業之發展。因此外國立法例上，遂有財團抵押制度之出現，此乃將企業之土地、廠房、機器及一切其他設備，集合成為一財團，以此財團整體設定單一之抵押權，以為債權之擔保。司法院於民國二十五年院字第一五一四號解釋中，認為工廠之機器生財設備為其從物，以工廠廠房設定抵押權時，其效力及於機器生財設備之方法，為財團抵押制度之引進開啟一扇門。民國四十二年我國正式於所通過施行之工礦抵押法中引進財團抵押之制度。

依該法規定，公用事業或營利為目的而製造或加工物品之工廠或礦廠，得組織工礦財團，以該財團設定抵押權。財團抵押是一物一權原則之例外，使得抵押權之標的物得擴大至機器生財設備等動產，為光復後臺灣經濟之發展提供良好之基礎。工礦抵押法已因動產擔保交易法之施行而廢止。

三、最高限額抵押權之承認

抵押權是以確保特定債權之清償為目的而設定之物權，抵押權之運用，無法滿足當事人間為擔保長期繼續交易或融資所生債權之需要，實務上為因應這種需求，遂出現最高限額抵押權之設定。最高限額抵押權是就將來發生之債權而為之擔保，抵押權設定時擔保債權之最高數額雖已確定，但實際債權額度卻必須等到抵押權實行時才能確定。最高限額抵押權雖於實務上為人所喜愛，但其是否有效於法律上非無爭議。最高法院於五十一年臺文字第〇〇三五號函中指明：「最高限額抵押係就將來實際發生之債權而為擔保，其性質仍與一般抵押權之設定無異，倘此項抵押權業經依法辦理登記，裁判上自應承認其效力」。司法行政部乃據以五十一年二月二十二日臺（五一）令民字第〇七九一號令飭當時所屬之臺灣高等法院與福建高等法院廈門分院注意辦理。最高限額抵押權自此獲得法院實務上之承認。但是最高限額抵押權遲遲未立法化，致於實務上之運作頗多問題，有鑑於此，九十六年三月二十八日擔保物權法修正時，遂將最高限額抵押權增列於抵押權一章中。

四、抵押權證券化之發展

我國民法設置抵押權制度，純粹是為達到擔保債權清償之目的，對抵押權是否應或可具有流通性之課題，完全不予考慮。惟就抵押權作為投資媒介手段之功能言，如果抵押權能具有流通性，可於金融市場自由交易，必然使得其投資媒介之功能更能發揮。因此外國立法例有直接將抵押權予以證券化，以利其流通者，如德國民法第一千一百十六條規定之證券抵押權。另一種方式則是藉由資產之證券化，間接達到抵押權證券化而具有流

通性之目的。所謂資產證券化，是由金融機構將不動產抵押貸款債權，汽車貸款債權及信用卡債權等流動性較低之資產，轉換為證券之形式，再向投資人銷售，使金融資產得以流通，以籌措資金之制度。此制度最早以一九七〇年代美國政府不動產貸款協會所發行之不動產抵押證券 (Mortgage Back Security) 為濫觴，後來為日本所接受，我國於九十一年亦制定金融資產證券化條例。依該條例之規定，金融機構得將住宅抵押貸款債權、汽車貸款債權與其他貸款債權及其擔保物權等金融債權，信託於受託機構，由受託機構以該資產為基礎發行受益證券，獲取融資。

 ## 第四節 抵押權之社會作用

債權之權利是否實現，取決於債務人是否給付。債務人如果能夠信守承諾履行給付義務，債權人之債權當然可獲得滿足，如果債務人不履行給付義務，債權人只能對債務人之財產聲請強制執行，以求自己債權之實現。債務人之財產為債權之最後保障，但並非為特定某債權之保障，而是所有債權之共同保障，各債權人對債務人之財產只能依債權額之比例，平等受清償。因此，法律上為謀債權之鞏固，確保其經濟價值，乃設有擔保物權之制度。

擔保物權中之質權是以債權人占有債務人之物為要件，債權人藉由占有債務人之物，予以債務人心理上之壓迫，以促進債務人清償債務。抵押權人對於抵押物不加以任何物質之支配，僅就其交換價值優先受償。質權之設定會犧牲質物之使用價值，對社會經濟不利，抵押權則無此缺點，故抵押權之制度，於擔保物權諸制度中特別具有優勢。如果以抵押權為債權之擔保，在債務人方面言，既不必放棄其財貨之使用價值，而犧牲收益，又可利用其財貨之交換價值，獲得融資，利於企業資金之週轉；而在債權人方面言，既不必對抵押物為任何物質之支配，而增添麻煩，又可坐收擔保之實效，確保自己債權之價值。

但是確保債務清償之作用，只是抵押權之消極作用。抵押權的積極社會作用，應是作為社會融資之手段，誘導債權之發生，間接促成經濟之繁

榮。企業經營者籌集資金之最便捷方式，乃是以企業之財產設定抵押權，向金融機構融資。以抵押權獲得融資後，因債務人之清償責任加重，身為債務人之企業無不立即將融資轉為投資，購買機器生財，努力於企業之經營以賺取利潤，用以清償債務及再增添設備。增添之設備不僅可用於使用收益、創造利潤，又可用於融資，再一次形成從事經濟活動所需之資本，於是相互循環，資本日增，企業日益成長壯大。另一方面，金融機構為使其所授與之融資易於收回，除了以抵押權為其護身符之外，一定會事先調查欲融資之企業的信用，就其經營方式、計畫與結構作仔細之判斷，企業愈健全愈有清償能力就愈易獲得融資，無形中更會促使企業健全發展。企業若能償還融資，金融機構的資金才能於社會中流通順暢，產生更大之利潤。換言之，企業及金融機構可以藉由抵押權的融資手段，共同帶動社會經濟之繁榮。

 ## 第五節 抵押權之特性

一、從屬性

抵押權為債權之擔保，是從屬於主債權之權利，因而具從屬性。抵押權之從屬性可分為發生上之從屬性、處分上之從屬性、與消滅上之從屬性等：

(一)發生上之從屬性

抵押權之發生，以主債權之發生為前提，主債權如不發生，則抵押權亦不能發生，主債權若無效，抵押權亦隨之無效，是為發生上之從屬性。我國民法對抵押權發生上之從屬性雖無明文規定，通說及實務上卻都承認抵押權有此特性❽。

---

❽ 六十九年臺上字第三五一號判決，七十年臺上字第五一三號判決，八十三年臺上字第四二三號判決，八十九年臺上字第一○八六號判決。鄭玉波，《民法物權》，第二四九頁；謝在全，《民法物權論》（中），第三七七頁；史尚寬，《物權法論》，第二三五頁。

　　抵押權之成立，如果違反成立上之從屬性，當然為無效。即使已為抵押權之登記，該抵押權也無效，抵押人可本於所有權妨害除去請求權請求塗銷該抵押權之登記，因債權人無債權可讓與，第三人亦無從依信賴抵押權登記而主張善意取得抵押權。

　　抵押權之成立以主債權存在為前提之原則，隨著抵押制度之發展不得不從寬解釋，認為抵押權是為擔保債權之清償，所以只須實行抵押權時，受擔保之債權存在即為已足，抵押權成立時是否有債權存在，並非重要。最高法院於四十七年臺上字第五三五號判例謂：抵押權可以將來可發生之債權為擔保債權，這個見解已獲得學者之支持，蓋用益物權既為獨立之物權，與之立於同等地位之抵押權，為使其發揮媒介融資手段之社會作用，不能不承認抵押權之獨立性，因此對抵押權從屬性之解釋應予放寬❾。外國立法例中德國民法第一千一百十三條第二項❿及瑞士民法第八百二十四條第一項亦採相同立場。唯有對抵押權成立之從屬性予以從寬解釋，才能解決實務上常見之最高限額抵押權的問題。

　　因此，抵押權成立從屬性，應是抵押權實行時須有擔保債權存在。抵押權惟有依當事人合意之內容及登記上之記載，所擔保之債權無從特定，或擔保債權無效、不成立、被撤銷或依其他情形無發生之可能時，始可認為違反成立上之從屬性⓫。

　　抵押權成立上之從屬性與抵押權設定之物權行為無因性，是兩個不同之概念，必須予以區別。債務人因向債權人借貸，為擔保借款之返還，雙方約定由債務人提供一不動產設定抵押權，然後為辦理抵押權之設定登記。則債權人與債務人間，共作成消費借貸、設定抵押權之約定⓬與設定抵押

❾　鄭玉波，《民法物權》，第二四九頁；謝在全，《民法物權論》（中），第三九一頁，註四。

❿　德國民法第一千一百十三條第二項規定：「為擔保將來之債權或附條件之債權亦可設定抵押權。」此條規定才符合實際上交易之需要，因為事實上一般都是抵押權設定後，擔保債權才成立。Baur, Sachenrecht, §37II, Rz. 19。

⓫　九十一年臺上字第一九五五號判決。

⓬　約定抵押權設定之契約，又可稱為擔保契約 (Sicherungsvertrag)，是抵押權設定

權等三項法律行為，前兩項為債權行為，最後一項才是物權行為。如消費借貸之契約不成立，無借款債權存在，縱使抵押權設定之物權行為有效，則抵押權因違反成立上從屬性而不成立。若是約定抵押權設定之原因行為無效，抵押權設定之物權行為有效時，抵押權仍然成立，不會因約定抵押權設定之原因行為無效，而影響及抵押權之成立，此為物權行為無因性。

(二)處分上之從屬性

成立上之從屬性，物權編中無明文規定，但處分上之從屬性，民法卻於第八百七十條明文規定。第八百七十條規定：「抵押權不得由債權分離而為讓與或為其他債權之擔保」。依據此規定，抵押權處分上之從屬性，可分兩部分討論：

1.抵押權不得由債權分離而為讓與

抵押權必須附隨於主債權之讓與而一併讓與。抵押權是從屬於擔保債權，兩者之間有主從關係，原則上主權利讓與時，從權利應一併隨同讓與❶❸。但抵押權人不能單獨讓與屬於從權利之抵押權，自己保留債權，否則應是違反第八百七十條之禁止規定，所為之抵押權讓與行為無效，受讓人不能因此取得抵押權❶❹。

反之，如果抵押權人將債權單獨讓與他人，自己保留抵押權並無不可，但是此時抵押權人所保留之抵押權因無受擔保債權存在，違反抵押權之從屬性，應歸於消滅，抵押人可以請求塗銷❶❺。

而抵押權人可否將債權及抵押權分別讓與不同之人？答案當然是否定。就債權之讓與言，當事人間僅有債權讓與之約定，受讓人所取得者僅為無

之物權行為的原因行為，仍為負擔行為，參閱王澤鑑，《民法學說與判例研究》（五），第一四〇頁以下。

❶❸ 德國民法第一千一百五十三條：「抵押權隨同債權讓與而移轉於債權受讓人。」於此，更確切地說，抵押權之移轉，是因債權之讓與而隨同之法定移轉。Schreiber, Sachenrecht, Rz. 470。

❶❹ 姚瑞光，《民法物權論》，第二二一頁。

❶❺ 謝在全，《民法物權論》（中），第三八〇頁。

抵押權之普通債權，無第二百九十五條第一項規定之適用。就抵押權之讓與而言，抵押權讓與行為無效，抵押權仍存於原抵押權人手中，因無受擔保債權存在，抵押權應歸於消滅。

2.抵押權不得由債權分離而為其他債權之擔保

抵押權人不得單獨以抵押權為其他債權之擔保，也就是說，抵押權只能與所擔保之債權一併設定債權質權，而成為附有抵押權擔保之債權質權。抵押權人如果只以抵押權供擔保，即是創設以抵押權為標的物之權利抵押權，不僅違反第八百七十條之規定，也違反第八百八十二條權利抵押權之規定，與物權法定主義相違背，應為無效。

擔保債權與抵押權具有主權利及從權利之關係，若以債權設定質權，依「從隨主」之法理及第二百九十五條第一項規定，債權所附隨之抵押權亦為質權效力所及 ❶❻。但是第八百七十條下段之規定所強調者是，如欲以抵押權供擔保時，必須附隨於其主債權，並非是以主債權供擔保時，必須附隨抵押權。所以抵押權人並非不可單獨以債權設定質權，自己保留抵押權，因為此時債權仍存在於抵押權人，不發生無債權存在之問題，不違反抵押權處分上或成立上之從屬性。

(三)消滅上之從屬性

抵押權所擔保之債權，如因清償、提存、抵銷、免除等原因而全部消滅時，抵押權亦隨之而消滅，是為消滅上之從屬性。抵押權因主債權消滅而隨之消滅時，抵押權人負有塗銷抵押權登記之義務，抵押物之提供人除了因所有權除去妨害請求權而有塗銷抵押權登記之請求權外，尚有因約定設定抵押權契約而有之債之請求權可請求塗銷抵押權登記。有疑問的是，

---

❶❻ 以債權設質時效力是否及於抵押權之問題，多數學者採取肯定說，參閱史尚寬，《物權法論》，第三五六頁；姚瑞光，《民法物權論》，第二一一頁；謝在全，《民法物權論》(中)，第三八一頁。唯鄭玉波氏持否定說，因為第二百九十五條之規定只適用於債權讓與，以債權供擔保自不在內，參閱鄭玉波，《民法物權》，第二五〇頁。

由第三人提供抵押物時，債務人非所有人，當然不能依所有權除去妨害請求權請求塗銷抵押權登記，但可否依債之關係請求抵押權登記之塗銷？最高法院對此問題持肯定之看法❶。

抵押權因擔保債權之消滅而消滅後，即使抵押權之登記尚未塗銷，抵押權亦不過形式上存在，實體上已不存在，並無登記之效力❶。此時如果抵押權人將抵押權讓與第三人，因無債權讓與之事實，第三人也無法受到土地法第四十三條之保護，因為債權已消滅，抵押權不可能繼續存在❶。

於債務承擔，原債務人之債務因第三人之承擔而由第三人承受，原債務人則脫離債之關係，債權人對原債務人已無債權存在，但抵押權為從權利，依「從隨主」之原則，抵押物雖為原債務人所提供，仍為該債務之擔保（第三百零四條第一項）。如果抵押物是由第三人所提供，因第三人之提供擔保是以債務人之信用為基礎，今債務既已移轉，不能強迫第三人對毫無信用關係之承擔人，亦負擔保責任，因此依第三百零四條第二項之規定，除非經過第三人之承認，否則該抵押權因債務承擔而消滅❷。若是由提供抵押物之第三人承擔債務時，此時第三人非擔保他人之債務而是自己成為債務人，毋庸再為承認，應認為此時抵押權不消滅，仍為債務之擔保❷。

依第一百四十六條之規定：「主權利因時效消滅者，其效力及於從權利」，則主債權因時效而消滅，抵押權原則上應隨同消滅，但是第一百四十五條第一項又規定，債權人此時可就抵押物取償，亦即抵押權例外地不消滅，此時抵押權雖不消滅，但是抵押權人於消滅時效完成後，五年內必須實行抵押權，否則抵押權消滅，為第八百八十條所明文規定。

實務上抵押權之設定常約定有存續期間，而且將此存續期間於辦理抵

---

❶ 最高法院七十七年三月二十二日第六次民事庭會議決議。謝在全氏對此有不同看法，參閱謝在全，《民法物權論》（中），第三九三頁，註十四。

❶ 二十六年上字第七五九號判決。

❶ 司法院七十四年院臺廳一字第〇一六八〇號函：苟無債權讓與之事實，第三人不可能專依登記之事項，信賴其公信力，單獨受讓抵押權。

❷ 鄭玉波，《民法債編總論》，第五九一頁。

❷ 謝在全，《民法物權論》（中），第三八三頁～第三八四頁。

押權登記時一併登記，在擔保債權未消滅前，縱然存續期間已屆滿，抵押權也不消滅。反之，如果存續期間已屆滿但擔保債權仍存在，抵押權當然不消滅，所以抵押權存續期間之約定及登記，於法律上不具任何意義❷。

　　抵押權消滅上之從屬性，必須是主債權全部消滅，抵押權才隨之消滅，如果主債權僅是一部消滅，不屬於抵押權消滅之從屬性的問題，而是抵押權之不可分性的問題。

二、不可分性

　　抵押權之不可分性，是指擔保債權未受全部清償前，抵押權人得就抵押物之全部行使權利。因為在理論上，整個抵押權乃用以擔保整個債權之實現，所以抵押物之任何部分均應擔保全部債權之實現，而債權之任何部分，亦可就全部抵押物而主張其擔保利益，並不因抵押物或債權之割裂而受影響❸。基於此一原則，債權縱然已經一部分受清償，而其餘部分，仍然可就抵押物之全部行使權利，抵押人不能依清償部分之比例而減少抵押權對於抵押物之拘束，這就是所謂抵押物之全部，擔保債權之各部。如果抵押物一部滅失，其殘存部分仍為全部債權之擔保，這是所謂抵押物之各部，擔保債權之全部。

　　我民法關於抵押權之不可分性雖無明文，但對於抵押物之分割或讓與其一部以及債權經分割或讓與其一部時，均不影響抵押權，則分別規定於第八百六十八條及第八百六十九條，當係基於抵押權不可分性所生之效果。下面即是依據第八百六十八條及第八百六十九條之規定說明「抵押權之不可分性」：

(一)自抵押物言

　　第八百六十八條規定：「抵押之不動產如經分割，或讓與其一部，或擔保一債權之數不動產而以其一讓與他人者，其抵押權不因此而受影響。」此

---

❷　八十七年臺上字第七二七號判決。

❸　李模，《民法問題研究》，第九四頁。

可分三方面說明：

1.抵押物雖經分割，抵押權並不因此受影響

亦即抵押物為共有物，經共有人分割後，抵押權人仍得就分割後之各部分之抵押物行使其抵押權。例如甲乙以共有之土地為債權人丙設定抵押權，抵押權設定後，甲乙分割其共有之土地，各取得該土地之一部分，丙可以就全部債權，對分割後之甲乙個人所分得之土地實行抵押權。

2.抵押物經讓與其一部，抵押權亦不因此受影響

此如甲以自己所有之土地為債權人乙設定抵押權後，將抵押標的物之土地分割讓與其一部與丙，債權人乙仍可就全部債權，對丙受讓而得之土地主張抵押權。

3.擔保一債權之數抵押物，雖以其一讓與他人，抵押權亦不因此而受影響

數抵押物擔保一債權，如以兩棟房屋擔保一債權，乃共同抵押之問題。抵押人若將共同抵押物中一宗讓與他人，對於抵押權不生任何影響，抵押權人仍可就數抵押物之全部行使權利。

(二)自擔保債權言

第八百六十九條第一項規定：「以抵押權擔保之債權如經分割或讓與其一部者，其抵押權不因此而受影響。」這是所謂債權之各部，為抵押物全部所擔保。此規定，可分下列兩點說明：

1.抵押權所擔保之債權，如經分割，其抵押權不受影響

這是指附有抵押權擔保之共有債權，雖經分割為單獨所有之債權，對於抵押權不發生影響。例如丙為甲乙二人共有之債權，設定抵押權，其後甲乙二人雖將其債權分割為單獨所有，抵押權仍為甲乙兩人所共有，甲乙各得依其應有部分，對於抵押物之全部行使權利。

2.以抵押權所擔保之債權，經讓與其一部分者，其抵押權亦不受影響

例如甲以其對丙之抵押債權，分割讓與一部與乙，除非甲乙間另有約

定，乙所受讓之債權不附隨甲原有之抵押權為擔保外，乙於受讓債權之同時亦成為抵押權之共有人，甲乙各得依其債權之比例，主張就原有抵押物之全部求償。

(三)自擔保債務言

第八百六十九條第二項規定：「前項規定，於債務分割或承擔其一部時適用之。」這是從債務人方面所作之規定，本質上屬於抵押物之全部，擔保債權之各部之問題，因此也可分成兩點說明：

1.以抵押權所擔保之債務，如經分割而由二以上債務人分擔時，其抵押權不受影響

這是債務分割時應適用第八百六十九條第一項規定所應得之結論。依此原則，共同債務人甲及乙於設定抵押權擔保債權後，將共有債務一分為二，各自分擔一半，抵押權不因此受影響，債權人於行使對甲或對乙之個別債權時，仍可就原抵押物全部求償。

2.以抵押權所擔保之債務，如經他人承擔其一部時，抵押權不因此而受影響

第八百六十九條第二項所規定者為「債務分割」，原本未及於「債務承擔」，因此有主張第八百六十九條第一項規定之原則，於債務經由他人一部承擔者不適用❷。但是就抵押權之不可分性及第八百六十九條規定之意旨觀之，解釋上應認為，抵押權所擔保之債務經他人承擔一部分時抵押權不因此受影響❷。換言之，債務人如以自己所有之不動產設定抵押權後，其債務由第三人承擔一部分，債權人對第三人所承擔部分之債權，仍可就抵押物全部實行其抵押權。但是抵押物若由第三人所提供，如果是免責之債務承擔，除非抵押人對債務承擔已為承認，抵押權始能繼續存在，否則承擔部分之抵押權消滅。但是債權人就未承擔部分，仍可以就抵押物全部行

---

❷ 李模，《民法問題研究》，第九一頁。

❷ 謝在全，《民法物權論》（中），第三八八頁；鄭玉波，《民法物權》，第二五二頁。

使權利。此項見解為物權編修正條文所採納，因此第八百六十九條第二項之修正條文也納入「債務之一部承擔」。

綜合上述所言，所謂抵押權不可分性，更正確地說，應為抵押物之不可分性。無論債權經分割或讓與一部，或者債務經分割或承擔一部分，抵押權之標的物全部仍為債權之擔保。即使債權因一部清償而消滅，抵押物之全部仍擔保剩餘之債權，此時雖然因債權一部消滅而可以為抵押權變更登記，但是不能因此而認為抵押權一部滅失，只能就抵押物一部分求償，基於抵押物之不可分性，抵押權人仍然可以將抵押物全部查封拍賣，從賣得之價金求償，只是優先受償之效力僅限於剩餘債權之範圍。而就抵押物言，抵押物即使經分割或經讓與其一部，則抵押權皆不受影響，抵押權人仍可就分割後或讓與後之各個抵押物實行抵押權，甚而擔保一債權之數抵押物，其中一個抵押物經讓與後，仍為抵押權效力之所及，這種情形，與其謂為抵押權之不可分性，毋寧認為亦是抵押權追及效力之另一種型態❷⑥。

以不動產之應有部分設定抵押後，該不動產分割時，對抵押權之影響如何？這個問題與共有物分割之效力有關。對於共有物分割，通說採取移轉主義，認為共有物之分割，乃為共有人間各就其應有部分相互移轉，故因分割而取得單獨所有權之效力並不溯及既往，而應自分割完畢後發生。所以，應有部分上之抵押權於共有物分割後，不僅僅存在於抵押人所分得之部分，也存在於各共有人所分得之部分，抵押權人可以抵押人應有部分之比例對各共有人所分得之部分實行抵押權，此為抵押權不可分性所生之效果❷⑦。如此一來，將使得法律關係愈趨複雜，如同共有物未經分割之狀態。因此民法修正草案第八百二十四條第二項、第八百二十四條之二設有規定以解決此問題❷⑧。

---

❷⑥　李模，《民法問題研究》，第九四頁。

❷⑦　李模，《民法問題研究》，第九二頁。謝在全氏認為此是共有物分割所生之效果，與抵押權不可分性無關，參閱謝在全，《民法物權論》（中），第三八九頁。

❷⑧　民法修正草案第八百二十四條第二項：「應有部分之抵押權人或質權人同意分割者，除另有約定外，其權利移存於抵押人或出賣人所分得之部分。」第八百

於債權讓與時，若無特別約定，因「從隨主」之原則，擔保該受讓債權之抵押權必然隨同讓與，而使得債權讓與、抵押權處分上從屬性及抵押權不可分等概念於實務上常同時出現於同一案例，混淆不清。以下列案例說明此三種概念之區別：例如甲為擔保對乙之三百萬債務，將自有之五百坪土地，設定抵押權為擔保。後來乙將該三百萬元債權讓與丙，則五百坪土地之抵押權也隨同移轉於丙，這是債權讓與效力所致。假設乙只讓與三百萬元中之一百萬元於丁，丁也取得隨同債權讓與之一百萬元的抵押權，而成為抵押權之共有人，基於抵押權不可分性，即抵押物不可分性，丁仍可就抵押權標的物之五百坪土地全部實行抵押權。債權人乙如果欲將抵押權單獨讓與庚或單獨為辛提供擔保，才是涉及抵押權處分上從屬性之問題。

抵押權不可分性，通說認為非抵押權本質所必具，因而有關抵押權不可分性之規定，即第八百六十八條及第八百六十九條並非強行規定，當事人可以特別約定排除之。此種特別約定，須於抵押權設定登記時隨同登記，否則不具對抗第三人之效力 。

三、物上代位性

抵押權非以抵押物本身之利用為目的之物權，而是專以取得抵押物之交換價值為目的之物權。因此，抵押物雖然已經毀損或滅失，但是若仍有其交換價值存在之替代物存在，抵押權當然可移存於該替代物上，由抵押權人就該替代物求償，稱之為抵押權之物上代位性。民法第八百八十一條為抵押權物上代位性之規定，依該條規定，因抵押物滅失而獲得之賠償金是抵押物之替代物，抵押權人可就該項賠償金行使權利。

二十四條之二第二項：「應有部分有抵押權或質權者，其權利不因共有物之分割而受影響，但權利人已參加共有物分割訴訟者，其權利移存於抵押人或出質人所分得之部分。權利人經共有人告知訴訟而未參加者，亦同。前項但書情形，於以價金分配或以價金補償者，準用第八百八十一條第一項、第二項或第八百九十九條第一項之規定。」

㉙ 姚瑞光，《民法物權論》，第二一三頁；謝在全，《民法物權論》（中）第三八五頁；鄭玉波，〈論抵押權之不可分性〉，《民商法問題研究》（二），第一五〇頁。

第六節　抵押權之取得

一、依法律行為而取得

(一)抵押權之設定

1.抵押權設定之法律行為

抵押權之取得最通常者是經由抵押權之設定。抵押權之設定，固不限以契約為之，亦可以單獨行為為之，如以遺囑設定抵押權，亦無不可，但仍然是以契約設定者為多數。無論是以單獨行為或是以物權契約設定抵押權，依第七百六十條之規定皆須作成書面才能成立，依第七百五十八條規定，皆須辦理登記才能生效。

2.當事人

設定抵押權之當事人為抵押權人和抵押人。抵押權人為取得抵押權之人，因抵押權是為擔保債權而設定，基於抵押權之從屬性，債權人恆為抵押權人。唯一例外的是，股份有限公司為所發行之公司債設定抵押權時，可以受託人為抵押權人（公司法第二百五十六條）。

抵押人是提供抵押物以設定抵押權之人。如果是債務人自己提供不動產設抵押權，則抵押人就是債務人自己，如果債務人無法提供不動產設抵押權，依第八百六十條之規定，第三人亦可為債務人提供抵押物，設定抵押權，則該第三人即為抵押人，此第三人稱為「物上保證人」❸。第三人訂立抵押權設定契約，係就自己之所有物為處分，故無需債務人之承諾。只是第三人非債務人，依土地登記規則第一百十一條，契約書及登記申請書，仍應經債務人簽名或蓋章始能辦理登記。抵押人究為何人，若有疑義，

---

❸　學理上及實務上皆認為，物上保證人係指非債務人而設定抵押權契約之設定人，抵押權設定後取得抵押物之人為「抵押物第三取得人」。鄭玉波，《民法物權》，第二五三頁；謝在全，《民法物權論》（中），第三九九頁；六十五年臺上字第七九六號判例。

應以設定登記內容為準❸。

抵押權之設定為處分行為，須對抵押物有處分權者才得為之，因此抵押人不僅須是抵押物之所有人，尚須未喪失其處分權，如果因受破產宣告而喪失處分權，或抵押物已經查封而喪失處分權，均無法就其不動產設定抵押權。經本人授權處分不動產者，當然可以為設定抵押權之行為。失蹤人之財產管理人，只有不動產之管理權，不得設定抵押權。

在不動產登記簿上係所有人，但實際上並非真正之所有人，如果登記所有人設定抵押權給不知情之債權人，債權人可否取得抵押權？基於土地法第四十三條登記公信力之規定，善意之債權人仍取得抵押權，真正之所有人不得對抵押權人請求塗銷，僅能向抵押人請求損害賠償❸。

3. 標的物

標的物為抵押權客體之問題。抵押權之標的物依第八百六十條之規定，只限於土地及其定著物。抵押權之設定係為取得抵押物之交換價值，因此不得讓與之物，不得為抵押權之標的物。

抵押權之設定須辦理登記才能生效，因此抵押物必須為已辦理登記或依法能辦理登記之不動產始足當之，如果是不能辦理登記之不動產，例如違章建築，因無法辦理保存登記，當然也無法辦理抵押權之設定登記，因此不能為抵押權之標的物。

共有不動產之應有部分，得否設定抵押權？民法共有一節中雖無明文規定，但是第八百十九條第一項規定：「各共有人，得自由處分其應有部分」，學說上多認為此之「處分」為處分行為之意，因此共有不動產之應有部分可為抵押權之標的物，釋字第一四一號解釋也贊成此見解。

區分所有建築物之專有部分，依公寓大廈管理條例第四條第二項規定，不得與其所屬建築物共用部分之應有部分及其基地所有權或地上權之應有部分分離移轉或設定負擔，因此如要設定抵押權時應一併設定。

就將來可取得之不動產可否預先設定抵押權？外國立法例禁止以將來

---

❸ 七十二年臺上字第二四三二號判例。

❸ 王澤鑑，《民法學說與判例研究》（三），第三二七頁。

可取得之不動產設定抵押權❸。我國學者則認為，此種就將來可取得之不動產所預先設定之抵押權契約非物權契約，而是抵押權設定之預約，當事人因此負擔設定抵押權之義務❸。

4.被擔保之債權

抵押權為從權利，須有被擔保之債權，但如何之債權，才能為之設定抵押權? 民法第八百六十一條只規定抵押權所擔保者為債權，對於其種類並無限制，解釋上任何債權皆可為被擔保債權。但是抵押權係就抵押物賣得之價金而受清償之權利，如果無法以金錢清償之債權，不適於設定抵押權，因此被擔保債權原則上須為金錢債權❸。如果其債權雖非金錢債權，但因債務不履行之結果，會轉變為損害賠償之金錢債權，亦可為之設定抵押權。

抵押權擔保之債權大多為消費借貸之金錢債權。消費借貸是要物契約，依第四百七十五條之規定，須交付標的物始生效力，所以在標的物交付之前尚無債權可言。實務上多在消費借貸契約成立後，標的物交付前，為消費借貸債權設定抵押權，然後再為借貸金錢之交付。如以抵押權發生上從屬性之原則言，此時因擔保債權還未發生，所設定之抵押權應無效。如此一來，對交易安全未免有害，為將來債權之擔保尚可設定抵押權，則為此種契約已成立但尚未生效之消費借貸債權，設定抵押權時，自無否認其效力之必要，因此應認為有效❸。

不僅私法上之債權可為被擔保債權，公法債權也可為被擔保債權。例如依稅捐稽徵法第二十四條第三項之規定，納稅義務人可以不動產設定抵押權擔保所欠繳之稅捐以解除禁止出境之限制。

---

❸ 法國民法第二千一百二十九條。

❸ 史尚寬，《物權法論》，第二四五頁；鄭玉波，《民法物權》，第二五四頁。

❸ 但學者有謂：「謂不以一定之金額為標的之債權（例如以勞務或物品為標的之給付）設定抵押權，聲請登記時，應記載其債權之估價額。」史尚寬，《物權法論》，第二四五頁。

❸ 鄭玉波，《民法物權》，第二五五頁；謝在全，《民法物權論》（中），第四〇五頁～第四〇六頁。

　　另外，德國立法例允許附條件之債權可為擔保債權❸，我國民法對此雖無明文規定，但學說多採肯定見解，認為可以為附條件之債權設定抵押權，不論債權所附為停止條件或解除條件，皆可以之為擔保債權❸。

　　消滅時效完成後之債權，依我民法第一百四十四條第一項之規定，並不消滅，只是債務人可以拒絕給付而已。債權既未消滅，當然可以為之設定抵押權，與抵押權發生上之從屬性原則並無不合。所以第一百四十四條第二項明定，如為此項債權提供擔保者，不得以不知時效為理由而請求返還，益發證明罹於消滅時效之債權得為被擔保債權。

　　債權人與抵押人設定抵押權時，當然希望抵押物之價值可涵蓋整個債權額，如果抵押物之價值不足債權額，只有債權額之一部可受到擔保，稱為「一部抵押」❸。一部抵押使得債權人所有之債權，一部分為普通債權，另一部分為有擔保之債權，如果債務人清償無擔保部分之債權額，抵押權是否因清償而消滅？例如甲對乙之二百萬債權中之一百五十萬，設定有抵押權，如果乙先清償五十萬，則甲之抵押權是否因此而受影響？一部抵押之設定意義在於抵押人保留抵押物設定抵押後之剩餘價值，如果無其他後次序之抵押權人或債權人存在時，一部抵押權人於實行抵押權，以拍賣所得價金優先清償有擔保部分債權後，所餘之價金，可利用假扣押程序將之查封，以供無擔保部分之債權之清償，是債權有全部受償之可能。如一部清償足使抵押權消滅，則一部抵押權人以可得全部清償之物為擔保之意義，將完全喪失。因此債務人一部清償對抵押權不生影響，抵押權仍為剩餘最後之債權的擔保而繼續存在❹。

---

❸　德國民法第一千一百十三條第二項。

❸　鄭玉波，《民法物權》，第二五六頁；謝在全，《民法物權論》（中），第四〇五頁。

❸　謝在全，《民法物權論》（中），第四〇一頁。

❹　謝在全，《民法物權論》（中），第四一〇頁，註十一。

㈡抵押權之讓與

基於抵押權之從屬性，抵押權所擔保之債權讓與時，抵押權隨之讓與，亦是取得抵押權原因之一。

二、依法律行為以外之原因而取得

㈠基於法律規定而取得

抵押權基於法律規定而取得者，稱為法定抵押權。民法於八十八年修正前，原於第五百十三條中規定：「承攬之工作為建築物或其他土地上之工作物，或為此等工作物之重大修繕者，承攬人就承攬關係所生之債權，對於其工作所附之定作人之不動產，有抵押權」，使得承攬人可以直接因法律規定不須辦理設定登記而取得抵押權。但是修正後之第五百十三條卻規定：「承攬之工作為建築物或其他土地上之工作物，或為此等工作物之重大修繕者，承攬人得就承攬關係報酬額，對於其工作所附之定作人之不動產，請求定作人為抵押權之登記」，使得承攬人無法直接因法律規定取得抵押權，而是仍應經過登記才能取得抵押權。除仍須辦理設定登記外，意定抵押權是因抵押人及抵押權人之自由意思決定而發生，但是法定抵押權是因法律規定而發生，與當事人之意思無關。

法定抵押權除了基於民法第五百十三條之規定而發生外，國民住宅條例第十七條、第二十七條中亦有規定，但依該二條規定而取得抵押權者，均不待登記即生效。

㈡因繼承而取得抵押權

抵押權為財產權，當然可以為繼承之標的。於被繼承人死亡時，被繼承人之債權連同抵押權，當然一併由繼承人繼承，縱然未辦理變更登記，抵押權仍為全體繼承人所公同共有，只是繼承人要處分所繼承之抵押權時，須先辦理登記。

第七節　參考案例

案例1

　　甲欲將自己所有之Ａ地設定抵押權向乙借貸一百萬，二人於抵押權設定契約中除約定：「於債權屆期未獲清償時，乙可查封拍賣Ａ地，以賣得價金優先清償其之債權」外，尚約定：「甲須交付Ａ地予乙以供使用」。二人於抵押權書面契約訂定後，相偕至地政機關辦理設定登記。問：地政機關可否於抵押權登記時，載明「Ａ地須交付乙占有」？

 解析---

　　依據民法第八百六十條之規定，抵押權是債權人對於債務人或第三人不移轉占有而供其債權擔保之不動產，得就該不動產賣得價金優先受償之權利。由此可知，抵押權之特色在於，不移轉標的物之占有，僅以標的物之交換價值擔保債權之清償。抵押權人不會因為抵押權之設定而取得對抵押物之使用收益權，相反地，抵押物之提供者仍保留抵押物之使用收益權，而且其對抵押物之使用收益完全不受抵押權人之干涉。因此抵押權之設定契約，不可能有抵押物需移轉占有之約定，如果有此約定，當事人是創設一種法律所未規定之新的物權類型，則該抵押權設定之契約將因違反物權法定原則而無效。

　　就案例事實言，甲乙移轉抵押物占有之約定，已經違反抵押權不移轉抵押物占有之本質，抵押權設定契約當然無效，地政機關自亦不能於抵押權設定登記時載明此約定。甲乙若欲使其抵押權設定契約生效，需刪除「甲須交付Ａ地予乙以供使用」之條款，再辦理抵押權設定登記，乙始能取得抵押權。

甲於九十年一月一日以自己所有之Ａ地設定抵押權，向乙借貸五百萬元，約定十年後清償。九十二年一月時，乙為週轉資金欲讓與Ａ地之抵押權於丙，遭丙拒絕，但丙表明願以四百五十萬元受讓乙對甲之債權，乙欣然同意，雙方即作成債權讓與之書面契約並公證之。問：⑴乙可否單獨讓與Ａ地之抵押權？⑵乙讓與對甲之債權，則擔保該債權之抵押權是否隨同移轉？⑶如果乙想保留抵押權，可否於訂立債權讓與契約時，特別約定抵押權不隨同讓與？

解析----------------------------------

　　⑴基於從屬性原則，抵押權不得由債權分離而為讓與，為民法第八百七十條所明定。因此，乙不得單獨讓與Ａ地之抵押權予任何人，否則讓與抵押權之行為無效，受讓人無法取得抵押權，如果乙想要讓與抵押權，需將抵押權所擔保之債權一併讓與。

　　⑵抵押權擔保之債權讓與時，除非當事人有特別約定，否則因為抵押權從屬於主債權，依據第二百九十五條規定，抵押權應隨同讓與之主債權移轉於受讓人。本案例中，乙丙訂立債權讓與契約時，並無特別約定僅讓與債權，因此乙對Ａ地之抵押權應於主債權讓與時隨同移轉予丙。此所謂之「隨同移轉」，是依第二百九十五條所規定之法定移轉，不需登記即發生移轉之效力，與意定移轉需經登記始發生移轉之效力者有異❹。據此，乙對Ａ地之抵押權，於乙讓與債權予丙之同時，即移轉於丙，不需辦理移轉登記。

　　⑶因為從屬性原則，讓與抵押權時必須一併讓與主債權，但是讓與主債權時，不須一併讓與抵押權。如果乙只願意讓與其對甲之債權，當然可

---

❹　八十七年臺上字第五七六號判決。

以約定僅讓與主債權，排除抵押權之隨同讓與。如此一來，丙只能取得對甲之五百萬債權，不能同時取得Ａ地之抵押權，但是Ａ地之抵押權也因為無擔保債權存在而消滅。

甲以自有之Ａ地設定抵押權向乙借貸一千萬元後，同意讓與Ａ地予丙及丁，並約定丙丁共有Ａ地，每人之應有部分為二分之一。甲及丙丁辦理移轉登記完成後，因甲於債務清償期屆至時無力清償債務，乙遂向法院聲請查封拍賣丙於Ａ地之應有部分。問：此時丙可否代甲支付五百萬，以免除法院對丙土地之強制執行？

抵押之不動產如經分割，或讓與其一部者，其抵押權不因此而受影響，民法第八百六十八條定有明文。依據此規定，抵押之不動產雖讓與為數人所分別共有，抵押權人對於受讓抵押物之各人之應有部分，仍得就全部債權行使權利，受讓抵押物應有部分之人，不得僅支付與受讓部分相當之金額，而免除其責任[42]。

依上述所言，甲雖將設定有抵押權之Ａ地讓與丙丁二人，乙之抵押權完全不因此而受影響，乙仍可對於丙或丁之應有部分，就其一千萬之債權實行抵押權。換言之，乙可就其一千萬之債權，單獨向法院聲請查封拍賣丙於Ａ地上之應有部分，即使丙之應有部分顯然不足以清償一千萬之債權。反之，丙當然無法僅支付五百萬免除乙對丙應有部分之執行。為免除自己應有部分受執行，丙須清償全部之債務，亦即支付一千萬。

[42] 八十二年臺上字第三一五三號判例。

案例4

　　甲乙丙共有 Ａ 地，每人之應有部分為三分之一。甲為籌措創業之資金，未徵得乙及丙之同意，欲以自己所有之應有部分設定抵押權向庚借貸一千萬元。甲與庚未有抵押權設定之書面契約，而是口頭約定後，甲交付自己之所有權狀予庚，二人即至地政機關辦理抵押權之登記。抵押權設定登記後，乙丙始知情，兩人立即打電話向庚表示，甲未徵得其二人之同意不得擅自設定抵押權予庚，因此抵押權之設定是違法無效的。問：庚是否取得抵押權？

解析

　　依據民法第七百六十條：「不動產物權之移轉或設定應以書面為之」之規定，抵押權之設定首先需要有設定之書面契約，否則不生效力❹❸，即使過去有些地方有以交付老契代替訂立書面之習慣，現因民法第一條之規定，這習慣不得再適用❹❹。因此甲庚二人僅有口頭約定，未作成抵押權設定之書面契約，抵押權之設定因為欠缺成立要件，無法生效。

　　此外，抵押權之設定是處分行為，抵押人對標的物須有處分權才得為之。因此本案例中尚需解決之問題是：共有人甲對其應有部分是否有處分權？民法第八百十九條第一項之規定：「各共有人，得自由處分其應有部分。」是為答案。據此規定，各共有人得不經其他共有人之同意，處分自己之應有部分。所以本案中甲不需徵得乙丙二人之同意，當然可以將自己之應有部分設定抵押權給庚。乙丙二人對庚所為之主張，毫無法律根據。

　　綜合上述所言，債務人甲對抵押物雖有處分權，但是未作成抵押權設定之書面契約，抵押權之設定仍然無法成立，庚亦無法取得抵押權。

---

❹❸　七十年臺上字第四五三號判例。

❹❹　二十九年上字第一五一三號判例。

案例5

　　甲於九十一年一月一日以自己所有之 A 地設定抵押權，向乙借貸一千萬元，約定十年後清償。九十二年一月時，乙因病逝世，留下二棟房屋、一筆土地及對甲之債權。丙丁於繼承乙之財產後，僅通知甲，乙已經逝世之事實，但未至地政機關辦理繼承登記。九十四年一月，丙丁共同決定，要以對甲之債權連同抵押權擔保其對庚一千萬元之買賣土地的債務。問：丙丁應如何處理此事？

　　被繼承人死亡時，被繼承人之一切財產皆由繼承人共同繼承，無論是債權或物權。乙逝世後所遺留之一切財產，包含對甲之債權及對 A 地之抵押權，都由丙丁共同繼承，而為丙丁所公同共有。

　　因繼承而取得不動產物權者，非是因法律行為而取得，因此不需登記即生效，所以，縱然丙丁未辦理繼承登記，仍然取得對 A 地之抵押權。但是因繼承而取得之不動產物權，非經辦理繼承登記，不得處分之，現今丙丁須先辦理繼承登記，亦即先將抵押權變更登記為丙丁所有，丙丁才能將其設定質權給庚。

第**3**章

抵押權對抵押人之效力

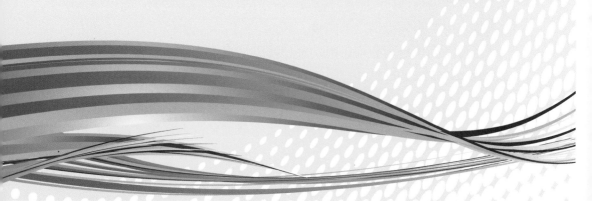

第一節　抵押權擔保債權之範圍

　　抵押權擔保債權之範圍，是抵押權人於實行抵押權時所能優先受償之範圍，亦是債務人或抵押人為使抵押權消滅所必須清償之債務範圍。依民法第八百六十一條第一項之規定：「抵押權所擔保者為原債權、利息、遲延利息、違約金及實行抵押權之費用。但契約另有約定者，不在此限。」抵押權擔保債權之範圍，原則上應依當事人之約定而定，當事人未約定者，抵押權擔保之範圍則限於原債權、利息、遲延利息、違約金及實行抵押權之費用等五項。因此當事人約定之抵押權擔保範圍，可以較第八百六十一條之法定範圍為廣，也可能縮小其範圍，例如當事人可約定利息不在擔保之範圍。當事人如有特別約定擔保範圍，因抵押權所擔保債權之種類及範圍，屬於抵押權之內容，依第七百五十八條之規定，須於抵押權設定登記時一併登記，始生物權之效力，但如因內容過於冗長，登記簿所列各欄篇幅不能容納記載，可以附件記載，作為登記簿之一部分❶。

　　如果抵押權人及債務人未有特別約定，則法定之抵押權擔保債權的範圍有下列六項：

一、原債權

　　原債權指原本債權，這是抵押權擔保之主要對象。這項債權於申請為抵押權設定登記時，應將數額於登記簿上記明，如抵押權所擔保之債權不以一定金額為標的時，登記簿上應記明其債權之估定價額，否則無法確定抵押權人所能優先受償之範圍❷。

　　依據不動產變動公示原則，抵押權所擔保之債權無論為何種債權，均應將其債權之種類於抵押權設定登記時一併登記，才能達到公示之原則。但是現行地政登記實務，抵押權所擔保之債權種類，即其擔保債權發生之原因（借款債權或買賣債權或其他種類之債權）皆未登記。為使此項已登

---

❶　八十四年臺上字第一九六七號判例。

❷　鄭玉波，《民法物權》，第二五七頁。

記之抵押權仍維持其效力，而又能與抵押權所擔保債權應行登記之法律規定意旨相符，最高法院七十六年三月二十四日第六次民事庭會議乃作成下列決定：「抵押權所擔保之債權，其種類及範圍，屬於抵押權之內容，依法應經登記，始生物權之效力，惟地政機關辦理土地登記時，依法令應行登記之事項，如因內容過於冗長，登記簿所列各篇幅不能容納記載，可以附件記載，作為登記簿之一部分，關於最高限額抵押權所擔保之債權，如未於土地登記簿一一記載，在目前可以其聲請登記時提出之最高限額抵押權設定契約書，視為登記簿之附件，在該契約書上記載之該抵押權所擔保之債權，均認為抵押權效力之所及。」

　　上述最高法院之決議完全係為遷就現行地政實務而作成。此種便宜之作法不僅無法貫徹不動產公示原則，而且容易產生糾紛❸。

二、利　息

　　利息是由原本債權所生之孳息。此項利息指的是約定利息，非法定利息，因法定利息屬於遲延利息，第八百六十一條已另有規定。並非只要一有原本債權，就會有利息發生，利息必須是當事人有約定後才會發生，因此當事人若有利息之約定，必須公示，亦即登記，始不至於對第三人造成不測之損害。因此約定利息需經登記，始為抵押權效力之所及。第八百六十一條規定雖明示「抵押權所擔保者為原債權、利息」，但此項規定是於當事人就抵押權擔保範圍未明白約定時所作之補充規定，非謂利息不需登記當然為抵押權效力所及❹。

　　利息登記時，起息期及付息期也應登記。利息之計算須以利率為依據，

❸　最高法院九十一年臺上字第二一三六號民事判決：「查被上訴人提出之系爭土地登記簿謄本他項權利證明簿（欄）僅於抵押權之『權利價值』欄載明四百萬元云云，並無任何擔保債權種類限於『借款』『另立借據』之登載，則能否因抵押權設定契約書擔保權利總金額『百萬元』之下加註『另立借據』等字即謂系爭抵押債權以借據為限，以滋疑問。」

❹　謝在全，《民法物權論》（中），第四一七頁；鄭玉波，《民法物權》，第二五七頁。

所以利息之登記當然要包含利率之登記，如無利率之登記，則利息之計算當然要依法定利率為之（第二百零三條）。

舊有之第八百六十一條僅規定利息為抵押權之擔保範圍，但未對利息受擔保之範圍有任何限制❺，與外國立法例有採限制主義者不同，如法國民法第二千一百五十一條、日本民法第三百七十四條第一項等之規定，限定一定年分內之利息始為抵押權所擔保之範圍，以防抵押權人對利息債權請求之懈怠，並保護後次序抵押權人及無擔保債權人之利益。但是於我國對於利息債權已有五年之短期時效的規定，而且第一百四十五條亦規定：「已罹消滅時效之利息，縱有抵押權仍不得就抵押物取償」，則積欠之利息就抵押物取償非毫無限制。更何況利息以有登記者為限，始為抵押權之擔保範圍，其他債權人可從土地登記中得知此情形，不至於因此受到不測之損害，所以物權編修正前之規定採取無限制之立法例並無不當❻。

物權法新修正條文卻改採限制主義，於第八百六十一條第二項規定：「得優先受償之利息、遲延利息、一年或不及一年定期給付之違約金債權，以於抵押權人實行抵押權聲請強制執行前五年內發生及於強制執行程序中發生者為限。」新修正之條文此項規定顯然是參照第一百二十六條規定而作之修改。修正之理由是為兼顧第三人及抵押權人之權益而設之限制，因此，無論是否有後次序抵押權人或無擔保債權人存在，利息等短期債權之受償範圍仍應受此限制。此項規定之目的在於限制擔保債權因抵押物強制執行而受清償之額度，非在於減輕債務人之責任，因此債務人向抵押權人任意清償時，不能主張此項限制，必須就所積欠之利息等短期債權及其他擔保債權全部清償後，抵押權才能消滅。而且利息等短期債權雖有五年之消滅時效，也受到第一百四十五條第二項規定之限制，但是利息債權如果不罹於消滅時效者，仍然有此項限制之適用。

---

❺ 舊有之第八百六十一條規定為：「抵押權所擔保者為原債權、利息、遲延利息，及實行抵押權之費用。但契約另有訂定者，不在此限。」

❻ 謝在全，《民法物權論》（中），第四一八頁～第四一九頁。

三、遲延利息

遲延利息指金錢債務履行遲延時，債權人所得請求之法定利息。遲延利息雖名為利息，本質上是損害賠償。前大理院三年上字第一二四號判例，認為此項利息不在擔保之範圍，但現行民法卻將之列入抵押權擔保效力之範圍，而且未有限制，因此受到學者之批評❼。因此物權法修正時，亦於第二項中限制遲延利息受抵押物擔保之範圍。

遲延利息係因法律規定而生，不是因當事人之約定而生，因此當事人間縱未約定，且於抵押權設定時亦未登記，仍為抵押權所擔保之範圍，因為這是依法律規定所生之抵押權內容，不須登記即生效力。遲延利息之計算原則上依法定利率為之，約定利率較高時，則從約定利率，但此項約定利率應予以登記始生效力。

四、違約金

違約金原則上為債務不履行時當事人所預定之損害賠償額，例外時才具懲罰性質，無論是懲罰性賠償金或損害賠償，依據未修正前第八百六十一條之規定，兩者皆非法定之擔保範圍，因此如果當事人欲將違約金列入抵押權擔保之範圍，應如何為之？則引起爭論。

有認為只要當事人有違約金之約定並加以登記，違約金即屬於抵押權擔保之範圍，不以當事人訂明「違約金為抵押權擔保範圍」為必要❽。但是從修正前第八百六十一條但書規定言，只有當事人約定為抵押權擔保範圍者，才是抵押權效力所及，因此當事人雖有違約金之約定，如未將違約金約定為抵押權擔保之範圍，且將此約定於抵押權設定時登記，違約金仍然非抵押權效力所及❾。

為免爭議，物權法新修正條文第八百六十一條第一項增列違約金為擔

---

❼　倪江表，《民法物權論》，第二九八頁。

❽　鄭玉波，《民法物權》，第二五八頁；史尚寬，《物權法論》，第二五〇頁。

❾　謝在全，《民法物權論》（中），第四二一頁。

保範圍，並於第二項明定一年或不及一年定期給付之違約金債權，以於抵押權人實行抵押權聲請強制執行前五年內發生及於強制執行程序中發生者，始受擔保。

五、實行抵押權之費用

所謂實行抵押權之費用，係指抵押權實行時聲請費用及拍賣費用。抵押權實行之費用，除當事人於設定抵押權時特別約定抵押人不負擔外，不須登記及約定，亦在抵押權擔保效力範圍內。因為此為法律所明文規定，而且債務人不履行給付義務時，抵押權勢必實行而有實行費用之發生，此是任何人都可於事先預料到之事，不予登記也不會造成第三人不測之損害。

六、保全抵押權之費用

當抵押人有使抵押物價值減少之行為時，抵押權人可於情事急迫下自為必要之保全處分，此項保全處分之費用，依修正前第八百七十一條第二項之規定，應由抵押人負擔，事屬當然。但就此項費用受償之次序為何，修正前第八百七十一條第二項未有明文，此項費用既然是為保全抵押物而生，對抵押權人、債務人或其他債權人均屬有利，因此多數學者認為，保全抵押權之費用應較一切債權優先受償，當然也是抵押權擔保之效力範圍❿。此項見解為修正委員會所採，而於第八百七十一條第二項後段增訂：「其受償次序優先於各抵押權所擔保之債權」，使得保全抵押權之費用明文為抵押權之效力範圍。

第二節　抵押權標的物之範圍

抵押權之標的物為不動產，則抵押權效力之範圍當然以不動產為限。但是抵押權自成立之時起至實行時通常須經過相當之時間，於此期間內抵押物所產生之一切孳息，包含天然孳息和法定孳息，或者抵押物有附合物，

---

❿　鄭玉波，《民法物權》，第二五八頁；謝在全，《民法物權論》（中），第四二一頁。

是否亦為抵押權效力之所及，法律不能不作一明確規定，以防爭端之起，如此亦才能符合一物一權主義。因此民法於第八百六十二條、第八百六十二條之一、第八百六十三條、第八百六十四條及第八百八十一條等，就抵押權標的物之範圍設置明文之規定。依據這些規定，則抵押權標的物之範圍，除了不動產外，尚包含下列之物及權利❶：

一、抵押物之從物及從權利

依第八百六十二條第一項之規定，抵押權之效力，及於抵押物之從物及從權利。就此規定可分下列兩點說明之：

㈠從物

從物為非主物之成分，常助主物之效用而同屬一人，且交易上無特別習慣之物。依「主物之處分及於從物」之原則，就一不動產設定抵押權，則抵押權之效力當然及於該不動產之從物。

從物依我國民法之觀念，不限於動產，不動產亦可能為從物，例如獨立建造之水塔可為居住用房屋之從物，耕地上之穀倉可為耕地之從物。如果以住屋或耕地為標的物設定抵押權時，水塔及穀倉當然為抵押權效力所及。

從物既然為主物抵押權效力所及，因此與主物同屬一個抵押權，而非主物及從物各自為一個抵押權❷。此種情形是一物一權原則之例外。因此，實務上對抵押物從物之拍賣通常無須另外取得執行名義。

從物無論是動產或不動產，縱使於抵押權登記時未一併予以登記，均為抵押權效力所及。因為第六十八條第二項「主物之處分及於從物」之規定，已使得主物與從物之經濟結合關係轉化為法律上一體之關係，第八百六十二條「抵押權之效力及於抵押物之從物」的規定再一次強調這個原則，

---

❶ 設定抵押之不動產應與其從物及從權利等視為一經濟上之整體，為債權之擔保。Eckert, Sachenrecht, Rz. 1146。

❷ 謝在全，《民法物權論》（中），第四二七頁。

因此抵押物從物為抵押權效力所及乃依循此二法律規定之當然結果，無須登記，當然為抵押權標的物之範圍。

以工廠廠房設定抵押權時，其機器是否為抵押權效力所及？司法院過去曾對此問題作過詳細之解釋❸，認為機器如與工廠同屬於一人所有時，機器應為工廠之從物，不以登記或附著於土地房屋為限，如以工廠設定抵押權，除有特別約定外，其效力應及於機器，縱令抵押權設定登記時，未經一併註明，亦為抵押權效力所及。依據司法院所作之解釋，機器為工廠之從物。但所謂工廠應是指廠房及其基地，而機器可否視為廠房及其基地之從物，值得討論。因為工廠之建置是為生產，能生產者主要為機器設備，廠房及其基地不過是為存放機器設備而建造，若無機器設備，廠房及基地形同多餘之物，與其認為機器設備是廠房及基地之從物，不如說廠房及基地是為輔助機器設備之經濟效用而存在❹。或有認為我國未有工礦財團抵押制度，如能將機器視為工廠之從物，使得就工廠廠房設定抵押時，效力可以及於機器，令機器亦可成為抵押權之標的物，從而發揮集合物之擔保機能，則可以彌補現行法之不足❺。但是依據動產擔保交易法，已可就機器設備設定動產抵押權，故於就廠房設定抵押權時，也可同時就機器設備設定動產抵押權，日後更可依強制執行法之規定合併拍賣。因此司法院上述之解釋實無再援用之理由，且現今抵押權實行之實務上，以工廠廠房設定抵押權者，亦未採取上述作法，將機器視為從物並予以拍賣，因此不能再認為機器設備是廠房之從物，為抵押權效力所及❻。

抵押權設定時尚未存在，而是於抵押權設定後才成為抵押物之從物者，是否為抵押權效力之所及？學者有不同之見解。否定說者認為抵押權之效

❸ 院字第一四○四號解釋，院字第一五一四號解釋，院字第一五五三號解釋。

❹ 錢國成，《民法判解研究》，第三頁。姚瑞光氏則以土地登記簿上無「工廠」之登記為由，認為機器非當然是工廠之從物。姚瑞光，《民法物權論》，第二一六頁。

❺ 王澤鑑，〈不動產抵押權與從物〉，《民法學說與判例研究》（三），第三三七頁。

❻ 謝在全，《民法物權論》（中），第四二九頁。

力應僅及於抵押權設定時存在之從物，不及於設定後所生之從物。因為當
事人設定抵押權時，是以抵押物當時之標準估定抵押物之價額，抵押權設
定後增加之從物，自不能列入抵押物之範圍。況依第八百七十二條之規定
言，抵押物之價值因可歸責抵押人事由而減少時，抵押人負有補足之義務，
為持平之計，由於抵押人另增之價值自不能充作擔保，否則將害及其他債
權人之利益❶。但是必要時，得比照第八百七十七條之規定，將抵押權設
定後所增加之從物併付拍賣，但對於該從物之價金無優先受償之權利。因
為從經濟之目的言，從物與主物具有依存關係，如果兩者不能併付拍賣，
勢必減損抵押物之價值，有害抵押權人之利益❶。另外有認為，應區別動
產與不動產而有不同，如果從物是動產者，不論其係在設定前或後所生，
皆為抵押權效力所及，從物如為不動產，在設定後所生者，不為抵押權效
力所及，因為抵押權之設定非經登記不生效力，如設定當時，契約書或登
記簿上係載明土地或建築物若干面積者，參照民法第八百七十七條規定意
旨，似難視為其後營造之從物，亦在抵押權效力範圍之內❶。有認為為調
和抵押權人與一般債權人之利益，原則上抵押權之效力即於後來增加之從
物，但後來增加之從物如影響及一般債權人之共同擔保時，抵押權人僅能
遵照第八百七十七條規定予以一併拍賣但無優先受償權，一般債權人主張
抵押權人無優先受償權者，應負舉證責任❶。有採取完全肯定之立場者，
認為抵押權發生後取得之從物應解為抵押權效力之所及，因為主物與從物
之關係不是依當事人意思而定，而是依兩者之經濟結合而決定，而且第六
十八條與第八百六十二條之立法意旨乃在使主物與從物相結合，以提高其
經濟效益，如僅認為抵押權設定時存在之從物始為抵押權效力之所及，實
不具實質之意義❶。

---

❶　李肇偉，《民法物權》，第四○四頁。

❶　鄭玉波，〈論抵押權標的物之範圍〉，《民商法問題研究》（二），第一三六頁。

❶　姚瑞光，《民法物權論》，第二一五頁。

❶　王澤鑑，〈不動產抵押權與從物〉，《民法學說與判例研究》（三），第三三三頁。

❶　謝在全，《民法物權論》（中），第四二七頁。

抵押權之效力及於從物是以主物抵押權存在為前提，因此主物滅失而從物仍存在時，因主物之抵押權已隨標的物滅失而消滅，從物之抵押權亦隨之不存在，從物之抵押權無法單獨存在。

依第八百六十二條第二項之規定，抵押權之效力原則上及於抵押物之從物，但是第三人於抵押權設定前就從物取得之權利不受抵押權之影響。所謂第三人就從物所取得之權利，須是物權或具有物權效力之權利，例如租賃權，否則無法不受抵押權效力之影響。因為抵押權為物權，具有絕對性及優先性之效力，如第三人於抵押權設定前就從物所取得之權利為債權，債權並無優先物權之效力，無法對抗後來設定之抵押權。依據第八百六十二條第二項之規定，第三人之權利既然不受抵押權之影響，雖然抵押權人仍然可以就該從物實行抵押權，但是如果第三人之權利為擔保物權，則抵押權人就該從物拍賣所得之價金無優先受償權，如果第三人之權利為用益物權或租賃權，其權利仍繼續存於該從物上，拍定人不得主張第三人之權利不存在。

(二)從權利

從權利與主權利之關係一如從物與主物之關係，因此以主權利為標的物設定抵押時，抵押權之效力亦應及於從權利，例如抵押之土地為需役地時，其所屬之地役權亦為抵押權效力所及。

第八百六十二條第一項規定中所謂之「從權利」，學說上認為不僅指本質上為從權利者，其本質上雖非從權利但為抵押物存在上所必需之權利亦應屬之，如以建築物設定抵押時，建築物對基地之利用權如地上權或租賃權，亦應認為是此所謂之從權利，而為抵押權效力所及❷。土地與建築物雖為各別獨立之不動產，但建築物無法脫離其所在之土地單獨被利用，如果不將建築物與基地利用權結合為一體無法全其經濟上之效用，如果此基地利用權不在抵押權效力範圍內，則抵押物拍賣時，會發生難以拍定之情

---

❷ 史尚寬，《物權法論》，第二五一頁；鄭玉波，《民法物權》，第二六〇頁；謝在全，《民法物權論》(中)，第四三二頁。

形，使抵押權之效用難以發揮，因此抵押權之效力應及於抵押物之從權利。但是如果建築物與土地同屬一人所有，而僅以建築物設定抵押，或雖以建築物與土地一併設定抵押，而於拍賣時各異其拍定人時，視為有地上權之設定，並無第八百六十二條第一項規定之適用。

　　從權利應為抵押權效力之所及，乃法律規定之效果，一如抵押權之效力及於從物，不發生需登記始生效力之問題。

二、抵押物之孳息

(一)天然孳息

　　天然孳息是指果實、動物之產物及其他依物之用法所收穫之出產物。抵押物之天然孳息，應是抵押土地所生產之果實或其他出產物。抵押土地所生產之天然孳息於未與土地分離前，非為獨立之物，例如未收割之稻，是不動產之一部分，當然為抵押權效力範圍。

　　但是果實等天然出產物與抵押土地分離後，是為獨立之物，是否為抵押權效力之所及？果實等一旦成為獨立之物，既為天然孳息，不再是抵押不動產之一部分，不應屬於抵押權效力之範圍，否則無異剝奪抵押人之收益權，與抵押權是以支配標的物之交換價值為本質的原則相違背。因此天然孳息原則上不在抵押權效力範圍，但是如果貫徹此一原則，勢必發生抵押物所有人故意使拍賣手續拖延，以多收取天然孳息之弊。因此，民法第八百六十三條原本即明文規定：「抵押權之效力，及於抵押物扣押後由抵押物分離之天然孳息。」換言之，抵押人對抵押物之收益權，因抵押物扣押而被剝奪，抵押權人對扣押後分離之天然孳息仍可請求拍賣，就賣得價金優先受償。民法此條規定與強制執行法第五十一條有關查封效力之規定的法律效果相同。

　　天然孳息並非皆由抵押物所有人收取，抵押人若將抵押物出租或設定地上權予第三人，第三人本於租賃權或地上權而有收取天然孳息之權利時，該天然孳息是否仍為抵押權效力所及？有認為此須視第三人收取天然孳息

之權利是否可對抗抵押權而定❷。第三人所取得之權利如不能對抗抵押權，則抵押物之天然孳息當然為抵押權效力所及，只有第三人之權利可對抗抵押權，第三人才能收取天然孳息。依第八百六十六條之規定，抵押權不受其後設定之地上權及其他以使用收益為目的之物權的影響。換言之，第三人於抵押權設定後所取得之權利不得對抗抵押權。因此，有收取抵押物天然孳息權利之第三人，如其權利是於抵押權設定後所取得者，於抵押物被扣押後，其收取天然孳息之權利即被剝奪，第三人之權利如是於抵押權設定前取得者則不受影響，因為只有屬於抵押人之天然孳息才屬於抵押權標的物之範圍。

司法院二十五年院字第一四四六號解釋採相類似之見解：「抵押權之效力，並及於抵押物扣押後由抵押物分離之天然孳息，或就該抵押物得收取之法定孳息，故不動產所有人於設定抵押權後，復就同一不動產與第三人設定權利者，其所設定之權利，對於抵押權人不生效，如於抵押權設定後與第三人訂立租賃契約，不問其契約之成立在抵押物扣押之前後，對於抵押權人亦當然不能生效。抵押權人因屆期未受清償或經確定判決，聲請拍賣抵押物時，執行法院自可依法逕予執行，抵押權設定後取得權利之人，除得向設定權利之人求償損害外，不得提起異議之訴。」

由此可知，無論學說及實務皆認為，唯有抵押人所得收取之天然孳息始為抵押權效力之所及。為表明此項原則，民法第八百六十三條即修正為：「抵押權之效力，及於抵押物扣押後自抵押物分離，而得由抵押人收取之天然孳息。」

㈡法定孳息

民法第八百六十四條規定：「抵押權之效力，及於抵押物扣押後抵押人就抵押物得收取之法定孳息」。法定孳息是指利息、租金及其他因法律關係所得之收益。於此應是房屋之租金、土地之地租或佃租。抵押權非占有擔

---

❷　史尚寬，《物權法論》，第二五二頁；鄭玉波，《民法物權》，第二六〇頁。謝在全氏持反對見解，謝在全，《民法物權論》(中)，第四三四頁。

保物權，抵押人當然可繼續使用收益抵押物，因此原則上法定孳息應不在抵押權效力範圍，但是基於上述與天然孳息相同之理由，例外地將法定孳息列為抵押權標的物之範圍，以保護抵押權人。

依第八百六十四條之規定，抵押權之效力不及於抵押物扣押前得收取之法定孳息，故在抵押物扣押前抵押權人無收取抵押物所生法定孳息之權利。縱令抵押權所擔保之原債權應由債務人支付利息者，除別有法律關係外，抵押權人亦不得收取孳息以充利息之清償❷❹。

不過法定孳息與天然孳息究竟不相同，天然孳息是由抵押物所收穫，法定孳息是由第三人所支付，因此第八百六十四條但書乃規定：「抵押權人，非以扣押抵押物之事情，通知應清償法定孳息之義務人，不得與之對抗。」所謂不得與之對抗者，是指法定孳息支付義務人如不知有扣押之情事而仍向抵押人給付時，抵押權人不得主張其清償無效，義務人當然免其義務❷❺。但是此項通知僅是對於法定孳息清償義務人之對抗要件而已，即使未通知，對於抵押權人向抵押人行使優先受償權亦無影響❷❻。但是解釋上對於「抵押權人之通知」不應作嚴格之解釋，抵押權人雖未為通知，法定孳息給付義務人亦未向抵押人清償時，當抵押權人向其請求時，該請求應同時具有通知之作用，義務人不能以未事先通知為由拒絕給付❷❼。

抵押物扣押後之法定孳息既為抵押權效力之所及，執行法院是否應依強制執行法第一百十五條之規定對抵押人與第三義務人發扣押命令？有謂第八百六十四條限制抵押人收取法定孳息的效力，係因對抵押物扣押而生，執行法院無須再對抵押人另發禁止收取法定孳息或禁止清償義務人向抵押人清償之命令❷❽。從理論上言之，此項見解有理。但是依照此項見解，如

---

❷❹　二十二年上字第二三五號判例。

❷❺　史尚寬，《物權法論》，第二五二頁。

❷❻　謝在全，《民法物權論》（中），第四三六頁。

❷❼　鄭玉波，《民法物權》，第二六三頁。

❷❽　姚瑞光，《民法物權論》，第二一八頁；鄭玉波，〈論抵押權標的物之範圍〉，《民商法問題研究》（二），第一三六頁。

果第三義務人不為給付時，抵押權人須另行起訴，反而增加麻煩，因此有主張對於抵押物扣押後之法定孳息，仍應依強制執行法第一百十五條規定對抵押人發禁止命令及收取命令**㉙**，如此一來，抵押權人得逕為收取，且得依強制執行法第一百十九條第二項規定逕對第三義務人強制執行。

基於物權優先效力之原則，如果於抵押物扣押前，他債權人已依強制執行法第一百十九條之規定，就該法定孳息債權取得扣押或收取命令，只要該債權人尚未收取，而抵押權人已將抵押物扣押之情事通知第三義務人，則抵押權人當然有較他債權人優先受償之權**㉚**。

三、建築物之附加部分

就建築物設定抵押權後，於該建築物上增建一層或加建數間之部分，是否為抵押權效力之所及？應分別依該增建部分是否具有獨立性而做不同之處理。

㈠所增建之部分如為附合之物

建築物的附加部分，例如於頂樓加蓋一層或於建築物旁加建或擴建一間房間或數間房間等，所使用之建材因附合於不動產上，且成為其重要成分，不動產之所有人當然取得該動產之所有權（第八百十一條），但是該增建之部分是否為抵押權之效力所及？過去有不同之見解。有認為這種情形屬於抵押物所有權之擴張，則抵押權之支配當然隨之擴張，縱使是於抵押權設定後才附合者，亦為抵押權之標的物**㉛**。但是亦有持相反見解者，因為抵押權之設定非經登記不生效力，如以建築物供擔保而設定抵押權後，增高一層或增多數間者，無論於交易上有無獨立交換價值以及是否獨立之物，應以登記之面積及範圍為準，因此增建之部分難以認為係抵押權效力

㉙　陳世榮，《抵押權之實行》，第三二頁。

㉚　姚瑞光，《民法物權論》，第二一八頁。

㉛　史尚寬，《物權法論》，第二五〇頁。

之所及❸，此種見解與實務之立場相同❸。

民法修正條文就此爭議於第八百六十二條第三項制定一解決方法：「以建築物為抵押者，其附加於該建築物而不具獨立性之部分，亦為抵押權效力所及」。修正條文之規定值得認同，如果只是從抵押權之設定非經登記不生效力為出發點，探討本問題，不顧物權編有關附合之規定，顯然失之偏頗且忽視制度之一致性。用以增建之建材既已附合於一建築物成為其一部分，而喪失其獨立性，其所有權當然歸於消滅，被附屬之建築物之所有權則因此而隨之擴張，抵押權之支配範圍應與所有權同，因此抵押權之效力亦應及於所增建之附合部分，即使該附合部分是在抵押權設定後所增建者亦是如此。否則實行抵押權時所增建之附合部分應如何處置？

㈡增建之部分如為獨立物

抵押權設定後所增建者若為獨立之物，皆是另一所有權之標的物，如果是抵押物所有人所建，且與抵押之建築物具有主物及從物之關係，則依第八百六十二條第一項之規定，為抵押權效力所及。如果該增建之建築物非為抵押物所有人所建，則該增建之建築物非為抵押權之效力範圍，為保障抵押權人、抵押人與第三人之權益，並維護社會整體經濟利益，依據所增訂之第八百六十二條第三項但書規定，只能準用第八百七十七條規定處理，即抵押權人於必要時，得聲請法院將該建築物及其附加物併付拍賣，但就附加物賣得價金，無優先受清償之權。

四、抵押物之殘餘物及分離物

抵押物滅失，抵押權應隨之消滅，是為原則，但是抵押物雖滅失仍留有殘餘物，例如抵押之建築物因倒塌而成為動產，則抵押權應隨之消滅或是仍存在於該殘餘物上？有討論之必要。因為有時抵押物之殘餘物仍有經

---

❸　姚瑞光，《民法物權論》，第二一六頁。

❸　最高法院五十三年度第四次民刑庭總會決議：「增建部份不在抵押權範圍之內，但有民法第八百七十七條之情形時，依該條之規定辦理。」

濟上之價值，如能為抵押權效力之所及，對抵押權人當然有利。就經濟上或物理上言，殘餘物應是抵押物之變形物，為抵押權效力之所及，事屬當然。是故物權編增訂第八百六十二條之一，於該條第一項明定：「抵押物滅失之殘餘物，仍為抵押權效力所及」。

所謂分離物應是指從抵押之不動產所分離之天然孳息或附合之物，其本來為抵押物之一部分，當然為抵押權效力範圍，但是分離後如為獨立之物，是否仍為抵押權效力所及，不無疑問。

就天然孳息言，抵押物查封後才從抵押物分離者，依第八百六十三條規定為抵押權效力所及，自不待言。附合於抵押不動產之物，於查封後從抵押物分離者，依查封效力之規定（強制執行法第五十一條），亦應為抵押權效力之所及。因此查封後才由抵押物分離之物，無論是天然孳息或附合之物，縱讓與第三人，抵押權人仍可對之繼續強制執行。反之，查封前，依通常方法由抵押物分離之天然孳息，歸屬於有收取天然孳息權利之人，於通常情形下因汰舊換新而由抵押物分離之附合的動產，例如頂樓加蓋之門窗，亦不在抵押權效力之範圍。

但是抵押不動產如未經查封者，如天然孳息或附合之物之分離非為依物之通常用法所為或不在其通常經營範圍內，例如果實未至收成期即採收，或自建築物拆取之交趾陶，抵押權人可否對此等分離物主張抵押權？和抵押物滅失得受之賠償為抵押物之代位物相較，此等非依物之通常用法而分離之抵押物的成分，更應為抵押權效力之所及，始能鞏固抵押權之效用❸❹。有鑑於物權法對此原無明文規定，易生疑義，為期明確，則於第八百六十二條之一第一項中，明文規定抵押物之成分非依物之通常用法而分離成為獨立之動產者，與抵押物之殘餘物同，亦為抵押權效力所及。

因為抵押物之殘餘物及分離物，已非是原本抵押之不動產，為充分保

---

❸❹ 史尚寬氏認為：「如此分離，為抵押權設定人標的物利用權之正當行使，而且不減少原來標的物價值者，於為獨立動產時，不復為抵押權效力所及，否則此分離行為為抵押權之侵害，同時其分離物代表標的物價值之一部分，應適用物上代位之原則。」史尚寬，《物權法論》，第二五○頁。

障抵押權人之權益，故同時於第八百六十二條之一增訂第二項規定：「前項情形，抵押權人得請求占有該殘餘物或動產，並依質權之規定，行使其權利」，以使抵押權人便於行使其權利。

五、因抵押物滅失得受之賠償金

抵押權之標的物滅失、毀損，因而得受賠償金者，該賠償金成為抵押權標的物之代替物。抵押權人得就該項賠償金行使權利，稱為抵押權之代位性，為「物上代位」制度中之一種。抵押人所受之賠償金就是抵押物之代位物，為抵押權效力之所及。

(一)物上代位之意義

代位制度分為人的代位及物的代位，人的代位是權利主體之代位，例如第二百四十二條債權人之代位權及民法第三百十二條代位清償之代位等，物的代位是權利客體之代位，例如第八百八十一條抵押物之代位或質物之代位等 ❸❺ 。

擔保物權之物上代位，乃擔保物權之標的物滅失，其價值化為他種型態時，擔保物權不會因此而消滅，而是將其替代物視為擔保物，使擔保物權之效力及於該代替物。擔保物權是以支配標的物之交換價值，以作為債權優先受償為目的之物權，因此擔保物滅失後，如其交換價值仍存在，只是以其他型態存在，仍應屬擔保物權支配之對象，否則將使擔保物之所有人因擔保物之滅失而受利。

標的物化為其他型態而存在，一是因標的物之絕對滅失，其價值化為他種型態者，例如房屋被人燒毀，變成所有人對侵權行為人之損害賠償請求權，或對保險公司之保險金請求權。另外則是標的物相對滅失，而其價值化為別種型態者，例如所有人將標的物出賣而變成價金請求權。

以上兩種情形，我民法於抵押權僅認為因抵押物滅失所得受之賠償金為物上代位之客體（第八百八十一條），於質權中原則上亦僅認為因質物滅

---

❸❺　鄭玉波，〈代位之研究〉，《民商法問題研究》（一），第一八一頁以下。

失所得之賠償金為物上代位之客體（第八百九十九條），例外的始認為質物賣得之價金為物上代位之客體（第八百九十二條）。因為於擔保物出賣之情形，擔保物權人本可行使其追及權，追及其標的物之所在而實行其權利，不需要再承認物上代位之必要。

各國之立法例中對物上代位客體之規定，以日本民法規定最為寬廣，無論是標的物之絕對滅失所得之賠償金或相對滅失所得之對價，皆屬物上代位之客體❸❻。德國民法則僅對於保險金債權認為有物上代位❸❼，瑞士民法則認為對於土地賠償金及保險金請求權有物上代位❸❽，此兩國之立法例與我民法之規定相近。

㈡物上代位之客體及其要件

第八百八十一條規定：「抵押權除法律另有規定外，因抵押物滅失而消滅。但抵押人因滅失得受賠償或其他利益者，不在此限。抵押權人對於前項抵押人所得行使之賠償或其他請求權有權利質權，其次序與原抵押權同。給付義務人因故意或重大過失向抵押人為給付者，對於抵押權人不生效力。抵押物因毀損而得受之賠償或其他利益，準用前三項之規定」，是民法關於抵押權物上代位性之具體規定。欲適用此規定時，須具備下列要件：

1.須抵押物滅失

抵押物之滅失須是抵押物絕對滅失，如果是抵押物相對滅失，例如抵押人將抵押物讓與於第三人，抵押人雖失其所有權，但依第八百六十七條之規定，抵押權不會受到影響，抵押權人可繼續對已讓與之抵押物實行抵押權，對於抵押人出賣所得之價金，抵押權人無代位之權利可言。所謂絕

---

❸❻ 日本民法第三百零四條、第三百五十條、第三百七十二條。

❸❼ 德國民法第一千一百二十七條規定：「抵押權之效力及於所有人之抵押物保險金請求權。」據此規定，抵押物之代位物僅限於保險金請求權，並不及於第三人侵害抵押物之損害賠償請求權，因為此時抵押權人可以自行主張侵權行為以保護權益。Brehm, Sachenrecht, 17.63; Schapp, Sachenrecht, Rz. 449。

❸❽ 瑞士民法第八百零四條、第八百二十三條之規定。

對滅失又分為事實滅失及法律滅失，前者如抵押之房屋被燒毀，後者如抵押之土地被公用徵收。無論是事實滅失或法律滅失，都可適用抵押權代位之規定。

未修正前第八百八十一條之規定為：「抵押權因抵押物滅失而消滅，但因滅失得受之賠償金，應按各抵押權人之次序分配之」，依據此規定抵押物滅失時，抵押權人對滅失得受之賠償金可主張抵押權，但抵押物雖非滅失而是毀損，若因此而受有賠償金，該賠償金是否仍為抵押物之代位物？不無疑問。學者有認為抵押物因毀損而減少之交換價值，以賠償金之型態而存在，則依抵押權物上代位之理論構造言，與因抵押物滅失所得受之賠償金性質相同，亦為抵押物之替代物無疑，因此應該亦是抵押權效力之所及 ❸。物權編修正條文認同此項見解，因而增訂第八百八十一條第四項規定：「抵押物因毀損而得受之賠償或其他利益，準用前三項之規定」，認為抵押物毀損所得受之賠償或其他利益，亦屬抵押權物上代位之範圍，而且本項規定與第八百七十二條之規定可同時並存，抵押權人就本項規定所生之物上代位權，與依第八百七十二條所生之擔保請求權，可擇一行使，事所當然 ❹。

抵押物未達滅失或毀損之程度，但發生有價值減少之結果而因此受有賠償金，抵押權人可否對該賠償金也主張物上代位？有不同之見解。採否定說者認為此時無第八百八十一條之抵押權物上代位性規定的適用，而是第八百七十二條第二項規定之問題，因為第八百八十一條所指之抵押物一部滅失，是例如供抵押之耕地五畝被洪水流失二畝，或供抵押之房屋三間燒毀一間之情形，與抵押物仍然存在僅其價值減少不同，但是如果供抵押之耕地雖經挖土製磚該地仍然存在，或如果供抵押之房屋雖因災害破漏但該屋仍然存在，應依第八百七十二條第二項請求抵押人提出擔保 ❹。有採

---

❸ 姚瑞光，《民法物權論》，第二一三頁；劉得寬，〈論抵押權之物上代位性〉，《民法諸問題與新展望》，第三五五頁。

❹ 參照民法物權編修正條文說明四。

❹ 姚瑞光，《民法物權論》，第二三六頁。

完全肯定之看法，認為抵押物既已生價值減少之結果，抵押物已受有無形之毀損，而且此項損害賠償既然是因抵押物價值之減少而產生，也是抵押物之經濟變形物，當然可為抵押物之替代物 **❷**。另外有主張抵押權人此時有第八百七十二條第二項規定及第八百八十一條規定兩種權利可資選擇行使 **❸**。

2.須因抵押物滅失而得受賠償或其他利益

抵押物毀損或滅失後，如無賠償或其他利益就不發生物上代位之問題，因為無賠償或其他利益等替代物存在時，抵押權當然歸於消滅。所以，抵押之建築物經拆毀後於原地上重建時，抵押權因抵押物滅失而消滅，因為該重建之建築物為新的標的物，非是原來建築物之代替物，不能為抵押權效力所及 **❹**。縱使該新建之建築物係利用原抵押建築物拆除後之材料所重建者亦同 **❺**。

第八百八十一條第一項原本所規定者為「得受之賠償金」，而非「所受之賠償金」，則抵押人如果尚未取得賠償金，抵押權之效力可否及於賠償金之請求權？學者有認為，解釋上應採肯定之見解，認為抵押權之效力亦及於賠償金之請求權 **❻**。民法新修正條文已將「賠償金」修正為「賠償」，則上述之疑義當然不再發生，對抵押權人更有保障。

除此之外，原本條文所稱之「賠償金」，易使人誤解為抵押物之代位物僅限於金錢，實則抵押物之代位物，在賠償或其他給付義務人為給付前，抵押人對該義務人僅有給付請求權，給付物並未特定，金錢、動產、不動產或其他財產權均有可能，為避免疑義，修正條文不僅將「賠償金」修正為「賠償」，尚增訂「或其他利益」之文字，因此抵押物滅失後，凡抵押人因抵押物滅失得受之賠償或其他利益，均為抵押物之代位物。

---

❷ 謝在全，《民法物權論》(中)，第四四一頁。

❸ 鄭玉波，《民法物權》，第二七一頁。

❹ 最高法院五十七年第一次民刑庭總會決議。

❺ 最高法院四十八年第二次民刑庭總會決議。

❻ 姚瑞光，《民法物權論》，第二一九頁。

3.須為抵押物所有人得受之賠償或其他利益

抵押權物上代位之客體，應以抵押物所有人所取得之抵押物之價值變形物為限。抵押物所有人可能為債務人本人或設定抵押權之第三人，抵押物於抵押權設定後已轉讓他人者，抵押物之受讓人所得的賠償亦為代位權之客體，此是基於抵押權之追及效力❹。

抵押物之賠償究竟指的是何者？首先當然是因第三人之侵權行為或其他可歸責原因而造成抵押物之毀損滅失時、抵押物所有人對第三人所得請求之損害賠償❹。另外抵押物所有人與保險人為抵押物所訂立之保險契約，於危險事故發生，抵押物滅失時，所有人所得請求之保險金，依通說之見解，亦為抵押物之代位物❹。但是抵押人為抵押物訂立火災保險時，如指定第三人為受益人，於保險事故發生時，保險金之請求權係第三人所有，非抵押人所能行使，此項保險金非抵押物之代位物。抵押物代位性之規定，於抵押物因被徵收或其他法律所規定之事由而可獲得補償時，亦有適用❺。因此，抵押物依土地法第二百三十三條之規定被徵收所得之補償地價或其他補償費，為抵押物之代位物，或抵押權人就抵押物依農地重劃條例第二十三條所定之補償金亦可主張第八百八十一條之適用❺。

㈢物上代位權之性質

抵押權人對物上代位物所具有權利之性質為何？學者見解不同。

第一種見解為擔保權之延長說，認為物上代位是抵押權本質為價值權

---

❹ 鄭玉波，《民法物權》，第二六五頁。

❹ 此時抵押權人除有物上代位可主張外，尚可以抵押權受侵害為由請求侵權行為之損害賠償。

❹ 史尚寬，《物權法論》，第二八一頁；姚瑞光，《民法物權論》，第二一九頁；鄭玉波，《民法物權》，第二六三頁；謝在全，《民法物權論》(中)，第四四二頁。

❺ 鄭玉波，〈論抵押物之代位〉，《民商法問題研究》(一)，第三八九頁。

❺ 其他法律所規定之補償尚有：非都市土地使用管制規則第八條第二項、水利法第七十九條第一項、大眾捷運法第二十二條等。

之當然結果，因此代位物是原來抵押權之延長❷。德國民法因有第一千一百二十八條之規定，所以該國學者認為抵押權人之物上代位權是一債權質權，應適用權利質權之規定❸。因此我國學者亦有採取所謂法定債權質權說者，認為物上代位乃是在抵押物之代位物債權上，新成立之一種債權質權，其次序與原來之抵押權次序相同，此種債權質權是依法律規定而發生，因此為法定之債權質權❹。但是我國欠缺如德國民法第一千一百二十八條之規定，而且既然認為此項質權是因抵押物滅失而新成立於抵押物之代位物上，為何其次序與原抵押權相同，亦未說明，何況如果採取法定債權質權說，易使法律關係趨於複雜，應以擔保權之延長說為妥當❺。最高法院五十九年臺上字第三一三號判例謂：「抵押物雖滅失，然有確實之賠償義務人者，依照民法第八百八十一條及第八百九十九條之規定，該擔保物權即移存於得受之賠償金上，而不失其存在」，似乎亦採擔保權之延長說。

　　但是如果採取擔保權之延長說，將產生抵押權以不動產以外之財產權為客體之特別例外，而且於抵押權發生物上代位問題後，其行使權利之方法因無明文規定可遵循，易生疑義。反之，依法定債權質權說，較能確保抵押權之安定性，而且於抵押權因物上代位轉為權利質權後，得適用質權之規定，使當事人與第三債務人間權利義務關係明白清楚，因此新修正條文以法定債權質權說為立法政策❻，而增訂第八百八十一條第二項之規定：

---

❷　鄭玉波，《民法物權》，第二六五頁。

❸　Schwab-Pruetting, Sachenrecht, §58, IV。

❹　史尚寬氏認為：「依我民法規定，不以扣押為物上代位權保存之要件，應解釋對於因滅失得受之代償請求權，成立債權質。」史尚寬，《物權法論》，第二八四頁。

❺　姚瑞光，《民法物權論》，第二一九頁；謝在全，《民法物權論》（中），第四四三頁。

❻　民法物權編修正條文說明中亦指明：抵押物滅失後，如抵押人因滅失得受賠償或其他利益者，抵押權人所得行使之權利不當然消滅，惟其性質已轉換為權利質權。此項質權雖係嗣後始發生，然基於抵押權之物上代位性，該質權實為抵押權之代替，故該質權之次序，應與原抵押權同。

「抵押權人對於前項抵押人所得行使之賠償或其他請求權有權利質權，其次序與原抵押權同。」

(四)物上代位權之行使方法

抵押權人應如何行使物上代位權，修正前之第八百八十一條並未有明文規定，因此實務上認為，此時如果債權已屆清償期而未受清償時，因抵押物已滅失，已無從聲請拍賣，且如賠償金為金錢時更無須變價，所以抵押權人無需向法院聲請為許可抵押權實行之裁定，而是可以直接向第三義務人請求支付抵押物之賠償金❺❼，如果抵押物之賠償金的支付方法，法律有特別規定時，則依其規定❺❽。現今依據新增訂之第八百八十一條第二項規定，抵押權發生物上代位後，抵押權已轉換為權利質權，因此其抵押權人實行權利之方法應依權利質權實行之規定為之。

第三人之賠償金已成為抵押物之替代物，第三義務人不應再向抵押人為清償。但是第三義務人如果不知有抵押權存在，而向抵押人支付賠償金，待抵押權人向其主張物上代位權時，第三義務人可否以已經清償為由對抗抵押權人？不論是採法定債權質權說或是抵押權之延長說，抵押物之代位物當然為抵押權效力之所及，因此第三義務人對抵押人之清償不得對抗抵押權人，亦即抵押權人仍得向第三人請求支付，始合乎法理❺❾。物權編修正條文亦採相同之立場，但是認為第三義務人之責任應予減輕，故於第八百八十一條增訂第三項規定：「給付義務人因故意或重大過失向抵押人為給付者，對於抵押權人不生效力。」依據此新增訂條文之規定，抵押權人應於知道有物上代位之情形後，儘快通知第三義務人，以保護自己之權利。第三義務人如果非因惡意或重大過失仍向抵押人清償，只要其之給付物未與

---

❺❼ 參照最高法院七十六年臺上字第七二六號判決。

❺❽ 例如照價收買之土地有抵押權時，依平均地權施行條例第四十六條之規定，由直轄市或縣（市）政府於發給土地所有權人之補償費於抵押權人，並塗銷抵押權登記。

❺❾ 德國民法第一千一百二十八條第三項但書即如此規定。

抵押人之其他財產混合，仍然足以分辨者，抵押權應繼續存在於該給付物上❻。

如果抵押人將對第三人之賠償請求權讓與他人時，因該賠償請求權是抵押物之代位物，依抵押物讓與時抵押權有追及效力之原則，此時抵押權人當然也可基於抵押權之追及效力，對受讓人主張其之物上代位權❻。

第三節　抵押人之權利

抵押權是支配標的物之交換價值的價值權，非支配標的物之用益價值，因此抵押權人並無占有抵押物之權利，抵押物之占有仍留於抵押人之手，抵押權人對抵押物之使用收益無權也無法干涉，除非抵押人使用收益抵押物之行為足使抵押物之價值減少，抵押權人可請求停止該行為（第八百七十一條），否則抵押物之使用收益完全聽任抵押人之自由。因此抵押人不僅可自己使用收益抵押物，也可將抵押物之使用收益處分予第三人，甚而將抵押物再設定擔保物權於第三人。此並不違反抵押權之本質，也不會與已設定之抵押權相互衝突，當然為法律所允許，民法對此設有下列規定：

一、擔保權之設定

民法第八百六十五條規定：「不動產所有人，因擔保數債權，就同一不動產，設定數抵押權者，其次序依登記之先後定之」。此條規定就文義而言，是規定同一不動產上數抵押權之先後次序，但是如果法律不允許於同一不動產上可設定數抵押權，亦不需作此規定。由此可知，我國民法認為於同一不動產上可設定數抵押權，因此抵押人就不動產設定抵押權後，仍得就該不動產設定抵押權予第三人。抵押權之設定不移轉標的物之占有，非具絕對之排他性，本質上不排斥多數抵押權共存於一抵押物上。況且有時抵押之不動產價值遠超出其所擔保債權之金額，如果不許抵押人於同一不動產上繼續設定抵押權，則該不動產剩餘之交換價值形同不存在，為使該不

---

❻　請參閱《民法物權編研修資料彙編》（三十）（下），第九二五頁～第九四二頁。

❻　劉得寬，〈論抵押權之物上代位性〉，《民法諸問題與新展望》，第三五五頁。

動產儘量發揮其擔保價值，裨益社會經濟，理應允許抵押人就同一不動產可設定多數抵押權。

　　於同一不動產上設定數抵押權時，數抵押權間必有先後之次序。抵押權之次序，又稱為抵押權之順位，是決定多數抵押權在效力上何者為優先之標準❷。其次序在先者，得就抵押物之價金優先受償，其次序在後者，只能就先次序抵押權受償後之餘額受償。是故，如果於同一筆土地上設定三次抵押權，第一次序抵押權擔保之債權額為五百萬，第二次序抵押權擔保之債權額為三百萬，第三次序抵押權擔保之債權額為一百萬，該土地拍賣後所得之價金為七百萬，則第一次序抵押權之債權可得全部清償，第二次序抵押權之債權只能得二百萬之清償，第三次序抵押權則毫無所得。

　　決定抵押權次序之先後，應以登記完成之先後為標準，縱然設定抵押權之契約完成在先，但是其設定登記完成在後，抵押權之次序仍在後，因為抵押權之設定是以登記為生效要件，未完成登記者未生效。如果設定登記同時完成者，則抵押權之次序相同，次序相同之抵押權，抵押權人應按各該擔保債權額之比例受償（第八百七十四條）。

　　我民法對抵押權次序是採「次序昇進原則」，如果第一次序之抵押權因所擔保之債權受清償而消滅，原則上第二次序之抵押權即昇進為第一次序，原第三次序之抵押權隨之昇進為第二次序。基於此原則之法律規定，會使得後次序之抵押權人常有不當得利之嫌。例如甲如果以自己所有之土地設定抵押權，擔保其對乙之一千萬之債務，後來甲再以該土地設定抵押權擔保甲對丙五百萬元之債務，如果甲無法清償乙及丙之債權，抵押之土地經拍賣後得一千二百萬，乙之債權可全部獲得清償，但丙之債權只能受償二百萬。如果甲先清償乙之債權一千萬，乙之抵押權即消滅，丙若執行抵押物，拍賣所得之價金同樣為一千二百萬時，丙之債權可全部獲得清償，與原先乙之抵押權未消滅時相比，丙似乎受有不當利益。因此論者有謂，德、瑞民法就抵押權所採之「位次固定主義」的立法例較優❸。所謂位次固定

❷　鄭玉波，《民法物權》，第二六六頁。

❸　鄭玉波，《民法物權》，第二六七頁；姚瑞光，《民法物權論》，第二二四頁，註一。

主義，依據德國民法第一千一百六十三條之規定，抵押權不因所擔保之債權不成立或消滅，而隨之消滅，而是成為抵押人之抵押權，亦即所謂之「所有人抵押權」。因為有此所有人抵押權之存在，原先之後次序抵押權無法因先次序抵押權消滅，而昇進為前一次序之抵押權，將此原則適用於上述案例，甲若清償其對乙之一千萬債務後，甲因此取得乙之抵押權，丙之抵押權仍為第二次序抵押權，如果抵押土地賣得價金一千二百萬，丙僅能受到二百萬之分配。

二、用益權之設定

舊有之民法第八百六十六條規定：「不動產所有人，設定抵押權後，於同一不動產上，得設定地上權及其他權利。但其抵押權不因此而受影響。」是關於抵押人得設定用益物權之規定。抵押權之設定不以移轉抵押物之占有為要件，故不動產所有人於抵押權設定後當然可以於同一不動產上再設定用益物權予第三人。該條規定中之「地上權」乃是例示性，非以地上權為限，而是與地上權同性質之用益物權，如永佃權、地役權、典權等，抵押人皆可設定。至於抵押物之出租，為抵押物之正當用益行為，與用益物權之設定相較，屬於低度之行為，通說及實務都認為更無不允許之理❻。為免滋生疑義，物權編修正時，遂於第八百六十六條第一項中規定：「不動產所有人設定抵押權後，於同一不動產上，得設定地上權或其他以使用收益為目的之物權，或成立租賃關係。」

不動產所有人設定抵押權後，於同一不動產上再設定用益物權，固無問題。成為問題者，為將來實行抵押權拍賣其抵押物時，存於其上之用益物權或租賃權應如何處置？雖然第八百六十六條未修正前，即於其但書中規定「但其抵押權不因此而受影響」，於實際適用該但書規定時，應如何處理後來設定之用益物權或租賃權，仍有疑義。司法院首先於院字第一四四六號解釋中表明立場，其認為不動產所有人設定抵押權後，於同一不動產

---

❻　姚瑞光，《民法物權論》，第二二五頁；鄭玉波，《民法物權》，第二六七頁；謝在全，《民法物權論》（中），第四七三頁。

上所設定之地上權或其他權利，如於抵押權有影響者，對於抵押權人不生效力❻。

　　但院字第一四四六號解釋並未解決上述之問題，因為該解釋中所謂之「不生效力」，是指執行法院可直接強制執行該抵押物，而用益物權人不得對抵押權人提起異議之訴，對於設定在抵押權之後的用益物權或租賃權究竟是否因此而消滅或繼續存在卻未有明確之表示❻。設若抵押權設定後，所有人復就同一不動產與第三人設定典權，抵押權人實行抵押權拍賣抵押物時，因有典權存在致無人應買，或出價不足清償抵押債權，則抵押權人可否主張典權不存在而拍賣抵押物？大法官會議對此問題作出第一一九號之解釋，採取下列之見解：「執行法院得除去典權負擔，重行估價拍賣，拍賣之結果，清償抵押債權有餘時，典權人之典價，對於登記在後之權利人，享有優先受償權。執行法院於發給權利移轉證書時，依職權通知地政機關塗銷其典權之登記」。依照釋字第一一九號，舊有第八百六十六條但書所規

---

❻　司法院院字第一四四六號解釋：「抵押權乃就抵押物之賣得價金得受清償之權，其效力並即於抵押物扣押後由抵押物分離之天然孳息，或就該抵押物得收取之法定孳息。故不動產所有人於設定抵押權後，雖得依民法第八百六十六條規定，復就同一不動產與第三人設定權利，但於抵押物之賣得價金，或該物扣押後由抵押物分離之天然孳息，或抵押權人原得收取之法定孳息有所影響，則依同條但書之規定，其所設定之權利，對於抵押權人自不生效。如於抵押權設定後與第三人訂立租賃契約而致有上述之影響者，依同條之規定言之，不問其契約之成立，在抵押物扣押之前後，對於抵押權人亦當然不能生效，其抵押權人因屆期未受清償，或經確定判決，聲請拍賣抵押物時，執行法院自可依法逕予執行。至於抵押權設定後取得權利之人，因其權利不能使抵押權受其影響，即不足以排除強制執行，除得依民法第二百二十六條，向設定權利人求償損害外，自不得提起異議之訴。」

❻　縱使用益物權或租賃權設定於抵押權之前，仍不影響抵押權之實行，法院皆可直接強制執行抵押物，更何況抵押權設定在先？只是抵押物拍賣後，因物權優先效力之原則，先設定之用益物權繼續存在於經拍賣之不動產，而先於抵押權約定之租賃契約則有買賣不破租賃之適用，此時用益物權人或承租人不必然可以提起第三人異議之訴，除非其之權利因強制執行而受影響。

定之「但其抵押權不因此受影響」，是指抵押權設定後於同一不動產上設定之用益物權或其他相類似之權利，不得妨礙抵押權之實行，如有妨礙時，執行法院有權將該等用益物權直接除去再拍賣抵押物。

抵押權設定後，抵押人與第三人訂立租賃契約者，因債權相對性，該租賃契約本無法對抗抵押權，但是通說認為強制拍賣是私法買賣行為，適用第四百二十五條買賣不破租賃之規定，租賃契約對拍定人（買受人）亦有效力，如此一來，勢必影響抵押權之實行，因此實務上認為，此時抵押權人可向法院聲請除去該租賃契約再行拍賣，也可由執行法院依職權除去該租賃關係，依無租賃關係逕行強制執行[67]。

釋字第一一九號解釋及實務之作法，對後設定之用益物權人並無不公，因抵押權為物權，經登記而生公示之效力，登記在後就抵押物取得地上權或其他使用收益之權利者，自不得使登記在先之抵押權受其影響，如該項地上權或其他使用收益之權利於抵押權無影響時，仍得繼續存在，已兼顧後來取得權利者之權益[68]。因此，後設定之用益物權，不影響抵押物之價值時，也就是說，抵押物縱有該項權利之負擔，拍賣所得之價金仍足以清償抵押債權時，該項負擔仍繼續存在於抵押物上，不因抵押物之拍賣而消滅，拍定人所買得者，是有負擔之不動產，該項負擔依繼受取得之法理，對抵押物之應買人或承受人當然繼續存在[69]。

第八百六十六條規定之重要意義，並不在於抵押人可否於抵押權設定後再行設定用益物權，因為抵押權制度之設置，原在使抵押人仍能發揮抵押物之用益價值，但是依物權優先效力之原則，先設定之抵押權之利益當然應優先受到保障，因此如何調和先設定之抵押權與後設定之用益權間之利益，即如何解釋及適用第八百六十六條原有但書「但其抵押權不因此而受影響」之規定，才是第八百六十六條之重點[70]。有鑑於此，修正條文參

---

[67] 七十四年臺抗字第二二七號判例。

[68] 大法官釋字第三〇四號解釋。

[69] 六十年臺上字第四六一五號判例。

[70] 鄭玉波，〈抵押權與用益權〉，《法令月刊》，第三十八卷，第五期，第三頁。

照司法院院字第一四四六號、釋字第一一九號及釋字第三〇四號解釋，於第八百六十六條增訂第二項規定：「前項情形，抵押權人實行抵押權受有影響者，法院得除去該權利或終止該租賃關係後拍賣之」。以避免舊有第八百六十六條但書規定適用上之疑義，亦可為強制執行程序之依據。

　　抵押權設定後，抵押人於同一不動產上，與第三人成立使用借貸或其他債之關係者，常有所見。使用借貸等債之關係，因債之相對性原則，當然不得對抗抵押權。但是抵押物拍定後，如依據使用借貸關係占有拍定不動產之第三人不願交付占有物於拍定人，拍定人須另行取得執行名義後始得除去第三人之占有。與第八百六十六條第一項及第二項規定適用之情形相較，有輕重倒置之嫌，勢將影響拍賣時應買人之意願，為免除此項弊端，修正條文同時於第八百六十六條增設第三項之規定：「不動產所有人設定抵押權後，於同一不動產上，成立第一項以外之權利者，準用前項之規定」。依據此項規定，不動產所有人設定抵押權後，於該不動產上成立使用借貸或其他債之關係，該使用借貸或其他債之關係如果影響抵押權之實行，於抵押權人聲請執行抵押物時，法院得依職權除去之。

三、所有權之讓與

　　不動產所有人設定抵押權予債權人，是將自己對所有物的交換價值之支配權能分割成為一個獨立物權的內容，令債權人得以享有，但所有權之其他使用、收益及處分等權能並不因此而受影響。所以抵押權設定後，不動產之所有人仍然可以將不動產讓與他人，但抵押權不因此而受影響（第八百六十七條）。第八百六十七條與第八百六十六條，同為關於抵押人處分權之規定，抵押權與其他定限物權相同，皆不能剝奪所有人之處分權，因此抵押權人不能主張抵押人與第三人成立之買賣契約為無效❼❶。抵押權人與抵押人如約定，抵押人於設定抵押權後不得將抵押物讓與他人時，該約定對受讓抵押物之第三人不生效力❼❷。

❼❶　院解字第三三三五號解釋。

❼❷　姚瑞光，《民法物權論》，第二二七頁。

　　第八百六十七條所規定之讓與，不以抵押人自由意志之讓與為限，如果法院因其他債權人之聲請拍賣抵押物，雖是強制抵押人讓與抵押物，亦包括在內。此時抵押權人僅能就拍賣所得之價金優先受償，不能以他債權人之聲請拍賣為不合法，而訴請阻止執行❼❸。

　　因為物權有追及之效力，於物權設定後，其標的物不論輾轉入於何人之手，物權之權利人均得追及物之所在，而主張其權利。因此抵押權設定後，抵押人再讓與抵押物之所有權，抵押權不受影響乃當然之道理，即使無第八百六十七條之規定，亦是如此。不僅抵押物是由抵押人之自由讓與時如此，縱使是經由強制執行程序而移轉所有權時，如果抵押權人未同時實行抵押權，其抵押權不因標的物遭強制拍賣而受影響，仍然繼續存在於抵押物上❼❹。

　　抵押物之受讓人，學說上稱為第三取得人。第三取得人為免抵押權人就抵押物實行抵押權而受損害，自得依第三百十二條之規定，向抵押權人即債權人為清償，以消滅抵押權，但此是第三取得人之權利而非義務。

---

❼❸　二十二年上字第二一一七號判例。

❼❹　司法院院字第一七七一號解釋：「抵押權本不因抵押物之所有人將該物讓與他人而受影響，其追及權之行使，自亦不因抵押物係由法院拍賣而有差異。」

第四節　參考案例

　　甲提供自己所有之 A 地設定抵押權，於九十五年一月一日向乙借貸一千萬元，約定利息依年利率百分之六計算，本金須於九十六年十二月三十一日清償。但甲乙認為利息依法本來即為抵押權擔保之範圍，故於抵押權設定登記時，僅記載本金之金額，未記載所約定之利息及利率。借貸契約生效後，甲共積欠一百十五萬元之利息，且於清償期屆至後遲遲不清償一千萬之本金，乙遂向法院聲請查封拍賣 A 地。問：乙抵押權之擔保範圍究竟為何？

解析--

　　民法第八百六十一條規定，除非抵押權人與抵押人有特別約定，否則抵押權之擔保範圍為原債權、利息、遲延利息、違約金及實行抵押權之費用。原債權於抵押權設定必須登記，事所當然，否則無擔保之債權存在，依從屬性原則，抵押權無法成立。但是抵押權所擔保之利息是否亦須登記，不無疑問。並非一有原本債權，就會有利息發生，利息必須是當事人有約定後才會發生，因此當事人若有利息之約定，必須公示，亦即登記，始不至於對第三人造成不測之損害。因此，第八百六十一條規定雖明示「抵押權所擔保者為原債權、利息」，約定利息仍需經登記，始為抵押權效力之所及。

　　本案例中，甲乙既然未於抵押權設定登記時，一併登記所約定之利息及利率，則該約定之利息當然不在抵押權擔保之範圍，也就是說，乙就一百十五萬利息債權無法從抵押物拍賣價金受清償。

　　至於遲延利息，是金錢債權因不履行而生之損害賠償，屬於債務不履

行時法律上當然發生之附隨債權，不需登記，亦在抵押權擔保之範圍。

綜合上述所言，乙實行抵押權時，所能主張之權利範圍，除本金債權一千萬元外，尚包含自九十六年十二月三十一日起至甲清償債務之日止，依法定利率計算之遲延利息，但不包含甲已積欠之一百十五萬的約定利息。

甲以自己所有之公寓大廈三樓Ａ屋設定抵押權，向乙借貸一千萬元。但是於甲乙偕同至地政機關辦理抵押權登記時，二人未將該公寓大廈Ａ屋所附屬之編有建號的公共設施一併辦理抵押權之登記，僅辦理Ａ屋之抵押權設定登記。問：抵押權人乙於實行抵押權時，可否聲請法院裁定就該公共設施部分，准予一併拍賣？

民法第八百六十二條第一項規定，抵押權之效力及於抵押物之從物。依此規定，如果公共設施部分為Ａ屋之從物，則不論辦理抵押權設定登記與否，抵押權之效力皆及於該公共設施部分。

公寓大廈之公共設施部分，依民法第七百九十九條之規定，為該公寓大廈各區分所有人共有。此項共有部分與區分所有之專有部分，具有同一之經濟目的，不得與專有部分分離而為處分，自屬專有部分之從物。因此，甲所有之Ａ屋的公共設施部分，依民法第八百六十二條第一項之規定，不待登記，當然為抵押權效力所及，抵押權人乙於實行抵押權時，可聲請法院裁定就該公共設施部分准予一併拍賣。

甲自有之 A 地為乙所有之 B 地所圍繞，為通行之便，甲於乙之 B 地上設定地役權。後來，甲以自有之 A 地設定抵押權向丙銀行借貸五百萬元。問：甲之債務屆期未清償，丙實行抵押權時，除可以查封拍賣 A 地之外，可否一併執行甲對 B 地之地役權？

　　從權利之於主權利，其關係一如從物之於主物，抵押權之效力既然及於從物，當然也及於從權利，是民法第八百六十二條第一項所規定。問題是：地役權是否為抵押土地之從權利？當抵押之土地為需役地時，該土地已與其之地役權結合為一體，如無地役權，則設定抵押之需役地於經濟上無法發揮其效用。如果不認為地役權是抵押土地之從權利，則抵押權實行時，不能一併執行地役權，難免會發生無人敢買抵押土地之情形，結果反而使得抵押權之效用盡失，因此地役權應認為是抵押土地之從權利，而為抵押權效力之所及。因此，甲對 B 地之地役權，為 B 地之從權利，為抵押權效力所及，當丙實行抵押權時，除可以查封拍賣 A 地之外，當然可以一併執行甲對 B 地之地役權。

　　甲將自己所有之 A 地設定抵押權向乙借貸一千萬元，約定十年後清償。乙之抵押權設定登記完成後，甲認為 A 地閒置無用甚為可惜，又將 A 地出租予丙，供其種植芒果，每年租金二十四萬元，租期十年並經公證。問：乙實行抵押權時，可否對 A 地之租金及芒果主張抵押權？

解析 -

一、租金為法定孳息，是否為抵押權效力之所及，須從下面兩種情形觀察：

(1)抵押土地查封扣押前：抵押權非占有擔保物權，抵押人當然可繼續使用收益抵押物，原則上法定孳息應不在抵押權效力範圍，因此抵押土地扣押前之租金不在抵押權之效力範圍，仍由抵押人甲收取，乙不得對之主張優先受償權。

(2)抵押土地查封扣押後：依據民法第八百六十四條之規定：「抵押權之效力，及於抵押物扣押後抵押人就抵押物得收取之法定孳息。」抵押土地扣押後，抵押人有權受取之法定孳息，為抵押權效力所及。基於此規定，抵押之 A 地扣押後，甲從丙所收取之租金，為乙抵押權效力範圍，乙可以對之主張優先受償權。

二、芒果為抵押土地之天然孳息，乙可否對芒果實行抵押權，須從三個階段觀察：

(1)抵押土地所生產之天然孳息於未與土地分離前，非為獨立之物，是不動產之一部分，當然為抵押權效力範圍。所以，芒果未摘取前，為 A 地之一部分，對之實行抵押權，乃理所當然。

(2)抵押土地查封扣押前，已分離之天然孳息，不再是抵押土地之一部分，而是獨立之物，不屬於抵押權效力範圍，否則是剝奪抵押人之收益權。因此，A 地查封扣押前，已經摘取或掉落之芒果，不屬於乙之抵押權範圍，乙不得對之主張查封拍賣。

(3)抵押土地查封扣押後，始由抵押物分離之天然孳息，雖為獨立之物，但依據第八百六十三條之規定，仍為抵押權效力之所及，除非抵押人對於該天然孳息無收取權。基於此規定，A 地扣押後才摘取或掉落之芒果，若甲對之有收取權，則乙可以對這些芒果實行抵押權，若甲對之沒有收取權，則乙不能對這些芒果實行抵押權，本案中有收取芒果之權利者為土地承租人丙，因此乙對於 A 地扣押後才分離之芒果不得主張抵押權。

甲將自己所有之三層樓房 B 屋，設定抵押權向丁借貸五百萬，約定十年後清償。甲於 B 屋設定抵押權後，又於該屋之頂樓加蓋一無獨立出入門戶，仍須由 B 屋之大門進出之小房間充作音樂欣賞室。問：丁實行抵押權時，可否對 B 屋頂樓加蓋之小房間主張抵押權？

解析 --

B 屋頂樓所加蓋之小房間，從案例事實來看，顯然已經附合成為 B 屋之一部分，而非獨立之物。但該房間是於抵押權設定後才建造者，是否為抵押權效力所及，於九十六年三月二十八日抵押權章未修正前有爭論。

採取肯定說者，認為建築物的附加部分，因為所使用之建材已附合於不動產上，且成為其重要成分，不動產之所有人當然取得該附合建材之所有權（第八百十一條），此時因為抵押物所有權擴張至該附合之部分，則抵押權之支配當然隨之擴張，縱使是於抵押權設定後才附合者，附合部分亦為抵押權之標的物。依據肯定說之見解，B 屋頂樓所加蓋之小房間是抵押物之一部分，當然為抵押權效力範圍。

採取否定說者，認為抵押權之設定非經登記不生效力，因此抵押權之效力應以登記之面積及範圍為準，如以建築物供擔保而設定抵押權後，增建一層或數間房間者，無論於交易上有無獨立交換價值或者是否為獨立之物，因不在登記之面積及範圍內，難以認為是抵押權效力所及。依照此見解，B 屋頂樓所加蓋之小房間，不在抵押權登記之範圍內，非是抵押權效力之範圍。

否定說之見解雖言之有理，但完全從抵押權之設定非經登記不生效為出發點探討本問題，而不顧增建後抵押建築物之物理狀態及物權編有關附

合之規定，顯然失之偏頗。用以增建之建材既已附合於抵押之建築物，於物理狀態上成為該建築物之一部分，如何將之視而不見？而依據附合之規定，附合之建材已喪失其獨立性，其所有權當然歸於消滅，被附合之建築物之所有權則因此而擴張，抵押權之支配範圍應與抵押物所有權同，因此抵押權之效力亦應及於所增建之附合物，即使此項附合物是在抵押後所增建。因此肯定說之見解較為可採，抵押權之修正條文就此爭議亦採肯定說之立場，而於第八百六十二條第三項規定：「以建築物為抵押者，其附加於該建築物而不具獨立性之部分，亦為抵押權效力所及」。

基於上述所言，B 屋頂樓充作音響欣賞之小房間，雖是於抵押設定後所增建，但非為獨立之建築物，而是抵押物 B 屋之一部分，應為抵押權效力所及，丁實行抵押權時，可以對 B 屋頂樓加蓋之小房間主張抵押權。

案例6

甲以自有之 A 地及其上之 B 屋設定共同抵押權，向乙借貸一千萬元。抵押權設定登記後，甲聽從友人之建議，以 B 屋向丙保險公司投保火災險，約定保險金額為六百萬。保險契約成立後，甲之鄰居丁使用瓦斯時因不注意引起火災，造成自己之房屋及甲之 B 屋皆燒毀，僅剩廢墟一片，估計甲之損失七百萬。甲傷心難過時，突然接獲縣政府為開闢道路而將徵收其 A 地並發給六百萬補償金之通知。問：(1)乙對 B 屋之抵押權是否消滅？ (2)乙對 A 地之抵押權是否消滅？

 解析 --

(1)標的物滅失時，物權即隨之消滅，是物權法之基本原則。此基本原則本應適用於所有物權，但於抵押權卻有例外之規定，民法第八百八十一條第一項但書規定：「但抵押人因滅失得受賠償或其他利益者，不在此限。」

也就是說，抵押物滅失時，如果經濟上有替代物，例如保險金或對第三人之損害賠償請求權，抵押權存續於該經濟上之替代物而不消滅。

　　B屋雖因火災而滅失，但是抵押人甲因此可由丙處獲得六百萬之保險金，同時也可向過失侵害甲所有權者，即因過失使用瓦斯引起火災之丁請求損害賠償。六百萬之保險金及甲對丁之損害賠償請求權皆是B屋之經濟上替代物，因此，即使B屋已因火災而滅失，乙對B屋之抵押權並不消滅，而是繼續存在於保險金及甲對丁之損害賠償請求權上，乙可以選擇以保險金代替抵押物清償，或請求甲讓與其對丁之損害賠償請求權代替清償。

　　⑵標的物之滅失，除事實上之滅失，例如房屋被人燒毀外，尚有法律上之滅失，如標的物為政府所公用徵收，抵押物無論是事實上之滅失或法律上之滅失，抵押權皆因之而消滅。但是抵押物雖滅失，其價值卻化為別種形態存在，則抵押權不會因此而消滅而是繼續存在於替代物上。甲之A地雖為政府公用徵收，但甲可因此獲有補償金六百萬，此時抵押物已化為補償金之型態繼續存在，則乙對A地之抵押權應繼續存在於該補償金上，乙可就六百萬之補償金優先受清償。

　　綜合上述所言，乙可以主張就丙所支付之六百萬保險金及政府所給予之六百萬補償金受清償，也可以就丁應負之損害賠償及政府所給予之補償金受清償，無論乙是選擇第一種途徑或第二種途徑，乙主張受清償之範圍仍以抵押金額一千萬元為限，就保險金及補償金總額超出一千萬之範圍 (600 + 600 − 1000)，或丁之損害賠償及補償金總額超出一千萬之範圍 (700 + 600 − 1000)，並無權利。

甲於九十年七月一日以自有之 A 地設定抵押權向乙借貸六百萬，然後再於九十年十二月一日以 A 地設定抵押權，向丙借貸四百萬，事隔半年，甲再向丁借貸二百萬，並於九十一年七月一日以 A 地設定抵押權擔保丁之債權。問：(1)甲以 A 地設定抵押權予乙後，可否再於 A 地設定抵押權給丙及丁？(2)乙丙丁就 A 地之受清償順序為何？(3)如果甲於九十二年十二月三十一日先清償丙之債權，乙及丁之抵押權是否受影響？

　　(1)抵押權之設定，不移轉標的物之占有，故於同一不動產上設定數抵押權，並不違反物權排他性之原則，反而能使抵押之不動產充分發揮其擔保價值之效用，此從第八百六十五條之規定亦可得到證明。因此，甲以 A 地設定抵押權予乙後，當然可以再以 A 地設定抵押權給丙及丁。

　　(2)於同一不動產上設定數抵押權時，其之效力如何，即何者得就抵押物優先受償，應以抵押權之次序決定之，其次序在先者，得就抵押物之賣得價金優先受償，其次序在後者，只能就先次序抵押權受償後之餘額受償。抵押權之次序，依據第八百六十五條之規定，應以抵押權登記完成之先後定之，登記完成在先者，其次序在先，登記完成在後者，其次序在後，如果同時登記完成者，其次序相同。

　　乙之抵押權設定登記完成於九十年七月一日，丙之抵押權登記完成於九十年十二月一日，丁之抵押權於九十一年七月一日登記完成，三者之間，乙之抵押權登記最先完成，為第一次序抵押權，丙之抵押權登記於乙之後，為第二次序抵押權，丁之抵押權登記於丙之後，為第三次序抵押權。依照抵押權次序之先後，則乙為第一順位就 A 地賣得價金受清償者，其次為丙，

最後才是丁。

　　(3)我國民法對抵押權次序是採「次序昇進原則」，如果第一次序之抵押權因所擔保之債權受清償而消滅，原則上第二次序之抵押權即昇進為第一次序，原第三次序之抵押權隨之昇進為第二次序。

　　丙之債權因甲之清償而消滅，其之抵押權當然亦隨之消滅。第二次序之抵押權既然消滅，第三次序之抵押權當然昇進為第二次序，因此，丁之抵押權昇進為第二次序之抵押權。乙抵押權之次序優先於丙抵押權之次序，當然不會因丙之抵押權消滅而受影響。

案例8

　　甲以自己所有之土地設定抵押權向乙銀行貸款一千萬後，將該土地出租於丙供其使用。甲於債權清償期屆至時不願清償一千萬，乙即向法院聲請查封拍賣抵押物，但歷經二次公告拍賣，甲之土地仍未拍定。後來乙得知，因為抵押物上訂有租賃契約，縱使減價拍賣，亦無人應買。問：乙有何辦法可解決此問題？

　　抵押權是不移轉標的物占有之權利，因此抵押權設定後，不影響抵押物所有人對抵押物之使用收益的權利，抵押人當然可於抵押物上再設定地上權或其他相類似之權利，抵押權也不會因此受到影響。是故，抵押人於抵押權設定後，再出租抵押物，當然為法律之所允許。本案例中，甲於設定抵押權後，出租抵押之土地於丙，不會影響及抵押權，並不違法，反而更能物盡其用。

　　但是抵押之土地因有租賃契約致無人應買，抵押權人可否請求法院除去該租賃關係，以無租賃之狀態拍賣抵押物？於民法第八百六十六條未修正前，依據釋字第一一九號及第三〇四號，對該條所規定：「抵押權不受其

設定在後之地上權及其他權利之影響」的詮釋，如果因為有地上權或其他權利之存在致無人應買抵押物，或因此而使抵押物之賣價過低致不足以清償抵押債權，則抵押權人可請求執行法院除去該地上權或其他權利，再重行估價拍賣。據此原則，執行法院認為抵押人於抵押權設定後，與第三人訂立之租約，影響及抵押權者，得依聲請或職權除去該租賃關係，依無租賃狀態逕行強制執行❼❺。

　　第八百六十六條修正時，將上述見解明文化，增訂第二項規定：「前項情形，抵押權人實行抵押權受有影響者，法院得除去該權利或終止該租賃關係後拍賣之。」依據此規定，本案中之抵押物已經二次拍賣都無法拍定，甲丙之租賃契約當然是主要原因，既然租賃契約已影響及抵押權之實行，乙當然可以向執行法院請求除去租賃關係，以無租賃狀態再行拍賣抵押物。

---

❼❺　七十四年臺抗字第二二七號判例。

第章

抵押權對抵押
權人之效力

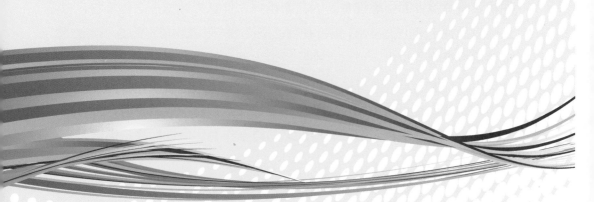

第一節　抵押權人之權利

一、抵押權之保全

　　抵押權因是價值權及非占有擔保物權，抵押權人不占有抵押物，因此於抵押權實行前，抵押權人對抵押物事實上無任何支配力，此時如果抵押物之價值有減少，抵押權人當然會因此受有不利。法律為保護抵押權人之利益，特別賦予抵押權人下列權利，以保全抵押權：

㈠抵押物價值減少之防止

　　對抵押權之保全，應於其標的物價值尚未實際減少前予以防止，始有意義。民法第八百七十一條即於其第一項中規定：「抵押人之行為，足使抵押物之價值減少者，抵押權人得請求停止其行為，如有急迫之情事，抵押權人得自為必要之保全處分。」即是抵押權人之抵押物價值減少之防止權，其目的在賦予抵押權人對抵押物價值積極保護之介入權能，以防止抵押物價值之減少❶。依據第八百七十一條第一項之規定，抵押權人之抵押物價值減少防止權之內容如下：

1.行為停止請求權

　　抵押人之行為足使抵押物之價值減少者，抵押權人有停止其行為之請求權。凡是非依抵押物正常經濟的用法為使用收益或處分者，皆具使得抵押物之價值減少的可能性❷。因此如抵押人任意拆卸抵押之建築物，或隨意砍伐抵押土地上之林木，或抵押物之附合物、附屬物或從物之不當分離，或傾倒廢棄物或廢土，或以抵押農地供人挖土等，皆足以使抵押物之價值減少，抵押權人當然有權請求抵押人停止此類行為之繼續，以免抵押物價值因此而減少。不僅抵押人之積極作為足使抵押物價值減少時，抵押權人有此停止行為請求權，縱然抵押人之消極不作為足使抵押物之價值減少，

---

❶　謝在全，《民法物權論》（中），第五一三頁。

❷　史尚寬，《物權法論》，第三五七頁。

例如抵押建築物屋瓦毀壞需修繕，抵押人卻置之不顧，則抵押權人亦有權請求抵押人停止此消極不作為之狀態，而以積極作為防止抵押物之價值減少。抵押權人向抵押人為此請求時，如抵押人拒絕，抵押權人可以第八百七十一條規定為依據向法院請求，自不待言。

抵押物價值有減少與否，應以抵押權設定時抵押物之價值為標準而決定。只要抵押物之價值減少，雖然尚未因此使得擔保債權達完全不能受清償之程度，抵押權人仍可向抵押人請求停止其減少抵押物價值之行為。此與抵押權受侵害時，須已發生之損害已達不能清償擔保債權之情形不同❸。

但第八百七十一條所適用者為抵押人之行為，如因第三人之行為致抵押物價值減少者，屬於侵權行為之問題，若是因天災如土石流或豪雨等之不可抗力，或是因市場因素等所造成之抵押物價值減少或下跌，皆屬抵押人自己所不能控制者，抵押權人自然無權主張第八百七十一條之防止請求權。至於足使抵押物價值減少之抵押人行為，究竟出於故意或過失，則在所不問。

抵押人設定抵押權後，於不動產上設定地上權、典權或將不動產出租者，無一不足使抵押物之價值減少，有學者認為雖然在法律上無因此而消滅他種物權之理由，但得依第八百七十一條之規定以求救濟❹。各該設定地上權或出租之行為，本為抵押人之權利，如設定地上權或出租之行為於抵押權有影響，於抵押權法一章未修正前，依釋字第一一九號及第三○四號解釋，對抵押權人不生效力，如於抵押權無影響，設定之地上權或租賃權，仍續存於擔保物權法修正後，依據增訂之第八百六十六條第二項規定，後設定之用益物權或後成立之租賃關係，對抵押權人實行抵押權有影響者，法院得除去該權利或終止該租賃關係後拍賣抵押物。當然更無理由，認為抵押權人有請求停止抵押人為各該設定權利或出租行為之權，否則第八百六十六條第一項之規定將形同虛設❺。

---

❸　史尚寬，《物權法論》，第三五七頁；謝在全，《民法物權論》(中)，第五一四頁。

❹　黃右昌，《民法物權詮解》，第二七七頁。

❺　姚瑞光，《民法物權論》，第二三二頁。

2.自為必要之保全處分權

抵押人足使抵押物價值減少之行為，如無急迫情事，抵押權人當然可從容地請求抵押人停止該行為，或向法院尋求救濟。但是若迫不及待，不能等待向抵押人請求，或已向抵押人請求卻無法達到效果，抵押權人得自為必要之保全處分，亦即不需經法院許可而為自助行為，以防止抵押物價值之減少。例如抵押之建築物漏水甚為嚴重，抵押人卻不修補，豪雨又將來臨，抵押權人當然可自為修繕以保全抵押物。

第八百七十一條抵押權人之保全處分，雖與第一百五十一條所規定之自助行為相類似，皆為保全權利之行為，但是第八百七十一條只需抵押人之行為足使抵押物之價值減少，而其情勢急迫即為已足，第一百五十一條則需以不及受法院或其他有關機關援助，並非於其時為之，則請求權不得行使或其行使顯有困難為要件，且於自助行為後，應即時向法院聲請處理。至於所謂「必要之保全處分」，可否對抵押人之財產予以扣押或毀損？法律未限定抵押權人得採取行為之種類，情形又屬急迫，似宜採肯定之見解❻。

抵押權人所為之請求及必要保全處分之費用，是因抵押人行為所致，是故第八百七十一條第二項明定應由抵押人負擔之。通說並認為此項費用應屬抵押權所擔保之範圍，始為公平合理❼。因此，抵押權法修正時於本項後段增訂：「其受償次序優先於各抵押權所擔保之債權。」乃因為第八百七十一條第一項請求或處分所生之費用，是為保全抵押物而生，其不僅保全抵押權人之抵押權，亦保全抵押人之財產，對其他債權人均屬有利，應較諸各抵押權所擔保之債權優先受償。

(二)抵押物價值減少之補救

當抵押物價值有減少之虞時，抵押權人有前述之防止請求權，抵押物之價值若實際減少時，為保障抵押權人之權益，法律不能不予救濟之道。因此第八百七十二條規定：「抵押物之價值因可歸責於抵押人之事由致減少

---

❻ 謝在全，《民法物權論》（中），第五一六頁。

❼ 姚瑞光，《民法物權論》，第二三四頁。

時，抵押權人得定相當期限，請求抵押人回復抵押物之原狀，或提出與減少價額相當之擔保。抵押人不於前項所定期限內，履行抵押權人之請求時，抵押權人得定相當期限請求債務人提出與減少價額相當之擔保。屆期不提出者，抵押權人得請求清償其債權。抵押人為債務人時，抵押權人得不再為前項請求，逕行請求清償其債權。抵押物之價值因不可歸責於抵押人之事由致減少者，抵押權人僅於抵押人因此所受利益之限度內，請求提出擔保。」依據此條規定，抵押物價值減少時，抵押權人之權利因下列原因而不同：

1.因可歸責於抵押人之事由而價值減少者

此為第八百七十二條第一項所規定之情形，本項舊有之條文雖未以「可歸責於抵押人之事由」為要件，但與原有第二項「抵押物之價值，因非可歸責於抵押人之事由致減少者」之規定相比較，學者一致認為應如此解釋❽。抵押權法修正時採納通說之見解，同時認為需兼顧抵押人之利益，要求抵押權人請求回復抵押物原狀或提出擔保時應定相當之期限，而將第一項規定修正為：「抵押物之價值因可歸責於抵押人之事由致減少時，抵押權人得定相當期限，請求抵押人回復抵押物之原狀，或提出與減少價額相當之擔保。」

抵押物因抵押人之故意或過失，致價值減少時，依第八百七十二條第一項規定，抵押權人得請求抵押人回復抵押物之原狀或提出與減少價額相當之擔保。例如抵押人將抵押之房屋拆毀一部分時，抵押權人得請求抵押人修復，如抵押權人不請求房屋之修復，也可請求抵押人增提擔保，抵押人所增提之擔保需與抵押物所減少之價額相當。

回復原狀與增提擔保之請求，並無先後次序，而是可由抵押權人自由選擇，如果抵押權人不請求回復抵押物原狀，而是直接請求增提擔保也無不可❾。但是如果回復原狀是不可能，抵押權人只能請求增提擔保。此項

---

❽ 姚瑞光，《民法物權論》，第二三四頁；鄭玉波，《民法物權》，第二七○頁；謝在全，《民法物權論》（中），第五一七頁。

❾ 鄭玉波，《民法物權》，第二七○頁；謝在全，《民法物權論》（中），第五一七頁。

擔保，法條中未有明文限制，故不獨物之擔保，即使是人之擔保亦無不可。若所增提者為物之擔保，則可以設定抵押權，亦可以設定質權❿。

回復原狀或增提擔保請求權有時不能完全保護抵押權人之利益，民法修正時乃仿瑞士民法第八百零九條及德國民法第一千一百三十三條之規定，增設抵押人不應抵押權人之請求為增加擔保或回復原狀時，喪失債務清償期限利益之規定。且為更周延保護抵押權人之利益及兼顧債務人之利益，於第八百七十二條增訂第二項規定如下：「抵押人不於前項所定期限內，履行抵押權人之請求時，抵押權人得定相當期限請求債務人提出與減少價額相當之擔保。屆期不提出者，抵押權人得請求清償其債權」。如果抵押人同為債務人時，債務人既然已受有提出與減少價額相當擔保之請求，抵押權人自無再為相同請求之必要，而是得逕行請求清償其債權，因此修正條文又增訂第三項規定：「抵押人為債務人時，抵押權人得不再為前項請求，逕行請求清償其債權。」以資便捷。

2.因非可歸責於抵押人之事由而價值減少者

此本為修正前第八百七十二條第二項所規定之情形。亦即抵押物價值之減少非因抵押人之故意或過失所致，而是由於天災、事變或第三人之侵權行為所造成時，抵押權人僅於抵押人得受損害賠償範圍內請求提出擔保。抵押權人不占有抵押物，對於抵押物價值之減少，難以自負其責。因此，抵押物價值之減少如因非可歸責抵押人之事由所致，應允許抵押權人於抵押人得受損害賠償之限度內，請求抵押人補提擔保。否則將成為有抵押權者，喪失其優先受償之權，而一般債權人，反因此而增加其受償之利益，顯失公平⓫，因此而有本項之規定。但是抵押權為物權，則標的物之危險，自應歸由權利人負擔，因此抵押物價值之減少，既非因可歸責抵押人之事由時，抵押人不應再負補充之責⓬。且此時抵押人亦需承受此項損害，如

---

❿ 姚瑞光，《民法物權論》，第二三四頁。

⓫ 姚瑞光，《民法物權論》，第二三五頁。

⓬ 鄭玉波，《民法物權》，第二七○頁；曹傑，《中國民法物權論》，第二○三頁；倪江表，《民法物權論》，第二九五頁。

更要求抵押人負擔此危險，抵押人責任未免過重。因此，抵押人如未受有
損害賠償，抵押權人無提出擔保之請求權❸。

舊有第八百七十二條第二項規定中「因非可歸責於抵押人之事由」的
用語，與民法第二百二十五條、第二百六十六條等條文之「因不可歸責於
⋯⋯」等用語不同，為求法條用語一致，因此將該項規定前段修正為「抵
押物之價值因不可歸責於抵押人之事由致減少者」。抵押人因抵押物價值減
少所能獲得之補償，有時不僅是侵權行為之損害賠償，有可能是不當得利
或公法上之損失補償等，因此再將本項後段「抵押權人僅於抵押人得受損
害賠償之限度內請求提出擔保」之規定，修改為「抵押權人僅於抵押人因
此所受利益之限度內請求提出擔保」，同時因增訂兩項規定於第八百七十二
條第一項規定之後，因此原條文之第二項移列為第四項規定。

㈢抵押權之物上請求權

抵押權於受侵害時，民法雖已設有抵押權人之保全請求權之規定，但
是保全請求權是針對抵押人侵害抵押物時所能做之救濟，如抵押物受到抵
押人以外之第三人的侵害，則上述第八百七十二條之規定無法適用。如此
一來，抵押權人對抵押物交換價值的支配無法受到完整的保護，除非另有
其他途徑可資利用，侵權行為之規定為其一，另外民法第七百六十七條之
物上請求權也是另一種可能。實務上雖不認為抵押權可適用民法有關物上
請求權之規定❹，但是學者皆認為物上請求權為物權之共通效力，非所有
權人所獨享，而是所有物權人都享有之權利，因此抵押權人也可適用物上
請求權之規定❺。從抵押權保護之觀點言，通說之見解較為可採，尤其抵

---

❸ 此是舊有第八百七十二條第二項（現行法第八百七十二條第四項）規定反面解
　釋之結果。姚瑞光氏似持反對見解，姚瑞光，《民法物權論》，第二三五頁。

❹ 五十二年臺上字第九〇四號判例：「物上請求權，除法律另有規定外，以所有
　人或占有人始得行使之，此觀民法第七百六十七條及第九百六十二條之規定自
　明。」

❺ 謝在全，《民法物權論》（上），第二一四頁；《民法物權論》（中），第五二一頁。

押權人不占有抵押物，一旦抵押物遭受他人侵奪或無權占有致影響及抵押物之交換價值，抵押權人又不能依民法第九百六十二條占有物返還之規定排除妨害及回復其支配抵押物之圓滿狀態，對抵押權之保護實有欠周到❶❻。

依上述所言，則抵押權人於抵押物受侵害時，除保全請求權外尚有物上請求權可主張。物上請求權具有三種內容，第一種為所有物返還請求權，第二種為所有物妨害除去請求權，第三種為所有物妨害防止請求權。一旦適用於抵押權時，如果抵押物為抵押人以外之第三人無權占有時，抵押權人似應有抵押物返還請求權，或者是第三人以占有以外之方式妨害抵押權人對抵押物交換價值之支配時，抵押權人有抵押權妨害除去請求權，又或者抵押權人對抵押物交換價值之支配有受到妨害之虞時，抵押權人有抵押權妨害防止請求權。

抵押權是不占有標的物之擔保物權，抵押物若為第三人無權占有致影響抵押物之交換價值，妨礙抵押權之受清償，例如抵押物因暴力集團不法占有，使得抵押物無人應買或拍賣價格過低，此時第三人所妨礙者不是抵押權人對抵押物之占有，而是抵押物之交換價值，抵押權人只要主張抵押權妨害除去請求權即足以保護自己之權利，不需援引抵押物返還請求權❶❼。換言之，以抵押權之本質而言，抵押權人應無抵押物返還請求權❶❽。因此，如果抵押物遭受第三人之毀損滅失致價值減少，或抵押物設定在先之擔保物權或用益物權已消滅但其登記仍未塗銷致抵押物無人應買，或抵押物受到不法占有，或抵押物之使用收益非依應有之使用方法為之，諸如此類，皆為抵押權對其標的物交換價值支配之妨害，抵押權人皆可類推適用第七百六十七條之規定，主張抵押權妨害除去請求權以資救濟。抵押權對其標

---

❶❻ 民法修正草案於第七百六十七條增訂第二項規定：「前項規定，於所有權以外之物權，準用之。」亦即，將所有物權皆有物上請求權之觀點明文化，以解決學說與實務之分歧。

❶❼ 學者有謂，此時抵押權人得基於其對抵押人之價值維持請求權，代位行使抵押人對第三人之物上請求權。參閱魏大喨，〈抵押權人對無權占有抵押物者之排除請求權〉，《民法物權實例問題分析》，第一九九頁～第二○一頁。

❶❽ 謝在全，《民法物權論》（中），第五二二頁。

的物價值之支配權如有受妨害之虞，例如將抵押物之從物或附屬部分不當分離可能使得抵押物之價值減少，則抵押權人當然可以抵押權妨害預防請求權，請求禁止分離。

(四)抵押權侵權行為之損害賠償請求權

抵押物因毀損滅失致其交換價值減少，抵押權人雖可主張上述之抵押權妨害除去請求權請求除去其妨害，但是對於抵押物因此所遭受之損害，唯有依侵權行為之規定始能獲得賠償。抵押權為具支配性之物權，若受到他人故意或過失不法之侵害，抵押權人得依民法第一百八十四條第一項前段之權利受侵害類型之規定，請求加害人賠償損害，為通說所認同[19]。

若加害人是抵押人，抵押權人已依第八百七十二條抵押權保全之規定，請求抵押人回復原狀或提出擔保，抵押權人是否仍可對抵押人主張侵權行為之損害賠償？此時因抵押人已回復抵押物之原狀或增提擔保，足使擔保債權獲得清償，抵押權人已無損害可言，應不適用侵權行為之規定。加害人如為抵押人以外之第三人，抵押人對該加害之第三人，亦有所有權受不法侵害之侵權行為損害賠償請求權，此損害賠償請求權當然可為抵押權之物上代位權，學者有認為抵押權人固有之損害賠償請求權與其物上代位權為競合之關係[20]，亦有主張抵押權人只能行使物上代位權，因為物上代位之規定為侵權行為損害賠償之特別規定[21]。

侵權行為之請求與物上請求權之要件及法律效果不同，前者以加害人有故意過失，且須受害人受有損害等為要件，與物上請求權只需具備請求權人為抵押權人、抵押權受妨害或有受妨害之虞即可，兩者相較，侵權行為之要件顯較為嚴格。抵押權人主張侵權行為之請求權時，須以抵押物受侵害致其交換價值已不足清償擔保債權時，始謂之受有損害。如果抵押物

---

[19] Brehm, Sachenrecht, 17.65。

[20] 採競合說者，為鄭玉波，《民法物權》，第二○四頁；曾隆興，《詳解損害賠償法》，第五三一頁。

[21] 劉得寬，〈抵押權之物上代位性〉，《民法物權實例問題分析》，第二二三頁。

受侵害後之殘餘價值仍足清償擔保債權時，固無損害可言，或如果抵押權人已依其他擔保方法獲得債權滿足，亦無請求損害賠償之可能。

二、抵押權之處分

(一)讓與

抵押權為財產權，並不具專屬性，當然可以自由讓與。但是因其具有從屬性之特質，因此抵押權讓與時，須與債權一併為之不得單獨讓與，此為抵押權處分上之從屬性。於債權讓與時，其抵押權當然伴隨讓與，理應辦理抵押權移轉之登記，但因為第二百九十五條第一項規定：「讓與債權時，該債權之擔保及其他從屬之權利，隨同移轉於受讓人」，此時抵押權之隨同讓與為法律所規定之效果，不待移轉登記即發生移轉之效力❷。如此解釋，才不會在債權讓與後，抵押權尚未辦理移轉登記前，發生無擔保債權之存在，而有違抵押權之從屬性原則。如果僅是債權一部讓與，而供其擔保部分之抵押權因而為移轉登記時，聲請書內應記明其所讓與之債權額。

(二)供擔保

抵押權當然也可作為擔保物權之標的，依據第八百七十條之規定，抵押權不得由其所擔保之債權分離，而為其他債權之擔保，因此只能依民法第九百條之規定，將主債權與其抵押權一併設定權利質權。將債權及其抵押權一併設定權利質權時，依第九百零二條、第九百零四條、第二百九十六條及第二百九十七條等之規定，不僅需以書面為之，將債權證明文件交付質權人，並通知其債務人外，尚須將附隨之抵押權辦理質權設定之登記，且交付抵押權證書，始能生效❷。附抵押權之債權設定質權後，質權人取得標的債權之收取權，為實現此債權，質權人當然可以實行抵押權，但須質權及抵押權之實行要件均需具備，始得為之。

---

❷ 八十七年臺上字第五七六號判決。

❷ 史尚寬，《物權法論》，第二八一頁；姚瑞光，《民法物權論》，第二三八頁。

㈢拋棄

抵押權之拋棄，指抵押權人為消滅抵押權之意思，放棄其抵押權而言[24]。抵押權為財產權，權利人當然可以自由拋棄。抵押權人拋棄抵押權時，不僅需以意思表示向抵押人為之，尚須辦理抵押權塗銷登記。抵押權因為拋棄而消滅，拋棄抵押權之債權人因此成為普通債權人，此時如有後次序抵押權存在，則後次序之抵押權的次序隨之昇進[25]。抵押權之拋棄如有害第三人之利益時，例如抵押權已隨同債權出質，解釋上不得自由拋棄[26]。

三、抵押權次序之處分

抵押權之次序，為同一標的物上有多數抵押權時，其各抵押權優先受償之順序，亦即各抵押權相互間之關係。與普通債權人相較，抵押權人所設定之抵押權無論是設定於普通債權之後或之前，一定優先普通債權受清償。但各抵押權人間因設定次序之先後不同，使其優先受償之權利有所差別，先次序之權利人較後次序之權利人得優先受償，此種次序亦為一種權利，亦即所謂之次序權。次序權本質上為抵押權優先效力之一種型態，並不是一種獨立之權利，以抵押權存在為前提。既是如此，顯然抵押權之次序無法單獨存在成為拋棄或處分之客體，但是外國立法例上卻有允許權利人可以拋棄或處分次序權之規定[27]。我國民法雖無相同之規定，但學者認為次序權可單獨為拋棄或處分之客體[28]。

---

[24] 此為抵押權之絕對拋棄，另有抵押權之相對拋棄，乃指抵押權人為抵押人之特定債權人之利益，拋棄其抵押權。參閱史尚寬，《物權法論》，第二七八頁。

[25] 抵押權因拋棄而消滅，和債權拋棄後，抵押權因債權消滅而隨之一併消滅之情形不同，需分辨之。

[26] 鄭玉波，《民法物權》，第二七二頁；謝在全，《民法物權論》(中)，第五〇九頁。

[27] 德國民法第八百八十條規定及日本民法第三百七十五條規定。

[28] 史尚寬，《物權法論》，第二七九頁；鄭玉波，《民法物權》，第二七三頁。

　　抵押權人依其次序所能支配者係抵押物之交換價值，即抵押權人依其次序所得優先受償之分配額。為使抵押權人對此交換價值之利用更具彈性，俾使權利人投下之金融資本在多數債權人間仍有靈活週轉之餘地，並有相互調整其複雜之利害關係之手段，立法院於九十六年三月抵押權法修正時，仿效外國有關抵押權次序讓與及拋棄之規定，增訂第八百七十條之一之規定，將抵押權次序權之讓與及拋棄予以明文化，以符合實務之運作❷。

　　所增訂之第八百七十條之一的規定如下：「同一抵押物有多數抵押權者，抵押權人得以下列方法調整其可優先受償之分配額。但他抵押權人之利益不受影響：一、為特定抵押權人之利益，讓與其抵押權之次序。二、為特定後次序抵押權人之利益，拋棄其抵押權之次序。三、為全體後次序抵押權人之利益，拋棄其抵押權之次序。前項抵押權次序之讓與或拋棄，非經登記，不生效力。並應於登記前，通知債務人、抵押人及共同抵押人。因第一項調整而受利益之抵押權人，亦得實行調整前次序在先之抵押權。調整優先受償分配額時，其次序在先之抵押權所擔保之債權，如有第三人之不動產為同一債權之擔保者，在因調整後增加負擔之限度內，以該不動產為標的物之抵押權消滅。但經該第三人同意者，不在此限。」此規定內容說明如下：

㈠次序權之讓與

　　次序權之讓與，是指抵押權人為特定抵押權人之利益讓與其抵押權之次序，亦即指同一抵押物之先次序或同次序抵押權人，為特定後次序或同次序抵押權人之利益，將其可優先受償之分配額讓與該後次序或同次序抵押權人。此時讓與人與受讓人仍保有原抵押權及次序，讓與人與受讓人仍依其原次序受分配，但依其次序所能獲得分配之合計金額，由受讓人優先受償，如有剩餘，始由讓與人受償。先次序之抵押權人之所以願意將其優先次序讓與後次序抵押權人，大多是已有確保其債權受清償之其他方法或獲得其他擔保或利益。

---

❷　土地登記規則第一百十六條規定。

1. 讓與之要件

抵押權次序權之讓與所需具備的第一個要件，是讓與之當事人須為同一抵押物之抵押權人。但是債務人是否同一，在所不問。因為所讓與者，是先次序抵押權人可優先受償之分配額，因此先次序之讓與人可就其抵押權之一部金額為之，亦即將優先受償次序權之處分導入數量之概念，更有益於金額交易社會之便利 **❸⓿**。

第二個要件則是，讓與人與受讓人間需有次序讓與之合意。次序權之讓與為一契約行為，當然應有讓與人與受讓人之合意。次序權之讓與對債務人、抵押人及第三人等之權益無影響，讓與契約之訂立不須徵得債務人或抵押人之同意。

第三個要件是，次序權之讓與須辦理登記。因為抵押權次序之讓與已涉及抵押權內容之變更，當然須辦理登記始生效力。新增訂之第八百七十條之一第二項對此定有明文，依同項後段規定，辦理變更登記前，尚須通知債務人、抵押人及共同抵押人。因為如果債務人或抵押人不知有次序權讓與之情形，仍向原本次序在先之抵押權人清償，對自己及受讓人之權益當然有所影響，因此辦理次序變更登記時，須以通知債務人、抵押人及共同抵押人為其要件 **❸❶**。

2. 讓與之效力

次序權之讓與對各抵押權人之抵押權及次序權並無影響，僅是抵押物拍賣所得價金之分配次序發生變動，而且僅於次序權讓與之當事人間發生變動，亦即由受讓人取得較讓與人優先分配之次序。換言之，讓與人仍保有抵押權及原次序，受讓人是否能獲得受讓次序之利益，仍以讓與人之抵押權能否獲得分配為前提，更正確來說，次序權之讓與是指讓與人將依其次序所能獲得之優先分配金額讓與受讓人，至於當事人以外之第三人之權益則完全不受影響。

因此，讓與人仍依其原次序受分配，但依其次序所能獲得分配之金額，

---

❸⓿ 謝在全，《民法物權論》（中），第四九五頁。

❸❶ 民法修正條文第八百七十條之一說明三。

由受讓人優先受償，如有剩餘，始由讓與人受償，其他抵押權人之受分配金額及次序完全不受影響。例如甲所有之 A 屋上分別有乙、丙、丁，第一、第二、第三次序，依序為一千六百萬、八百萬、四百萬之抵押權。如果甲之抵押物拍賣所得價金為二千萬，而乙未讓與其次序權於丁，乙為第一次序抵押權人，可優先受分配一千六百萬，再來則是第二順位之抵押權人丙，可分得剩餘之四百萬，丁之抵押權則無法得到分配。如果乙將其第一優先之次序讓與丁，乙抵押權之次序仍優先於丙之抵押權，因此乙仍優先於丙受分配，可得一千六百萬，但因乙已讓與其次序權於丁，故丁可先從乙受分配之一千六百萬中取走四百萬，剩餘之一千二百萬則歸於乙，丙則仍然分得四百萬。

㈡次序權之拋棄

次序權之拋棄又分為絕對拋棄及相對拋棄。

1.次序權之相對拋棄

次序權之相對拋棄，是抵押權人為特定後次序抵押權人之利益，拋棄其抵押權之次序，亦即是同一抵押物之先次序抵押權人，為特定後次序抵押權人之利益，拋棄其優先受償之利益。以上述案例而言，第一次序抵押權人乙為第三次序抵押權人丁之利益，將其第一次序之優先受償利益拋棄於丁，謂之次序權之相對拋棄。

次序權拋棄之要件與次序權讓與所需之要件相同，拋棄次序權者與其相對人必須是同一標的物之抵押權人，而且需有拋棄次序權之契約並須登記始生效力（第八百七十條之一第二項）。同一次序之抵押權人，因是依各抵押權人之債權額比例受償，縱然相互拋棄，也不具實益。

次序權相對拋棄之效力與次序權讓與者相同，皆僅具相對之效力，也就是說，當事人間於拋棄次序後，各抵押權人之權利及次序並無變動，僅是拋棄次序權之人，因拋棄次序之結果，與受拋棄利益之抵押權人成為同一次序，同一抵押物上之其他抵押權人的權益不受影響。因此，次序權拋棄人與受拋棄利益人，以次序權拋棄人所得受分配之金額，按各人之債權

額比例分配之。以上述案例而言，甲之抵押物若賣得二千萬元，如果第一次序之抵押權人乙未為拋棄，乙應受分配額為一千六百萬，第二次序抵押權人丙應受分配額為四百萬，第三次序抵押權人丁之應受分配額為零。乙將其第一次序優先受清償之利益拋棄於丁，乙是對丁拋棄其優先次序權，非是對丙拋棄其優先次序權，乙之抵押權仍優先於丙之抵押權，可最優先獲得拍賣價金之分配者，乙可得一千六百萬，但因乙對丁拋棄其抵押權之優先次序，丁可於一千六百萬中優先領取三百二十萬，剩餘之一千二百八十萬才是屬於乙，丙則仍然分得四百萬，不受影響。如果甲抵押物拍賣之價金為二千四百萬元，乙雖將其第一次序優先受清償之利益拋棄於丁，乙仍是最優先獲得拍賣價金之分配者，可分得一千六百萬，因乙對丁拋棄其抵押權優先次序之原故，丁可於一千六百萬中優先領取三百二十萬，剩餘之一千二百八十萬才是屬於乙，丙則分得八百萬。

2.次序權之絕對拋棄

　　次序權之絕對拋棄係指抵押權人為全體後次序抵押權人之利益，拋棄其抵押權之次序，亦即先次序之抵押權人非專為某一特定後次序抵押權人之利益，而是為全體後次序抵押權人之利益，拋棄其優先受清償之利益。以上述案例言，乙非僅為丁之利益，而是為丙及丁之利益而拋棄其之次序權，即是所謂之次序權絕對拋棄。

　　次序權絕對拋棄與相對拋棄之效力相同，各抵押權人之權利及次序並無變動，只是拋棄抵押權次序之人，因拋棄次序權，使得受拋棄利益之全體抵押權人之次序，各依序昇進，而拋棄人則退處於最後次序，但於拋棄後新設定之抵押權，其次序仍列於拋棄者之後。普通債權不會因為抵押權人拋棄次序而受到影響，其之受清償仍於所有抵押權之後。因此以上述案例言，甲之抵押物拍賣所得若為二千萬元，乙原本可分得一千六百萬，丙可分得四百萬，丁則無法受到分配。當乙絕對拋棄其之第一次序權時，丙之抵押權晉升為第一次序抵押權，其可分得八百萬，丁之抵押權晉升為第二次序抵押權，丁可分得四百萬，乙之抵押權則成為第三次序者，只能分得八百萬。如果甲之抵押物拍賣所得價金為三千萬元，戊之抵押權五百萬

成立於乙絕對拋棄其抵押權次序之後，則丙可分得八百萬，丁可分得四百萬，乙可分得一千六百萬，戊可分得二百萬元。

(三)次序權處分之其他效力

1.先次序抵押權之實行權

抵押權次序權之讓與或拋棄，僅是抵押權人間可優先受償分配額之調整，對各抵押權人之抵押權歸屬並無變動，而是僅使後次序抵押權人因調整而獲得優先分配之利益。因此，次序權讓與或拋棄後，後次序抵押權人既已因此而獲得優先分配之利益，當然可以實行原本次序在先之抵押權。惟其相互間之抵押權應均具備實行要件，受利益之後次序抵押權人始得實行先次序之抵押權。例如債務人甲在其抵押物上，分別有乙、丙、丁第一、二、三次序之抵押權，乙將第一優先次序讓與丁，當乙及丁之抵押權皆具備實行之要件時，丁可實行乙之抵押權，聲請拍賣抵押物。是故，民法於增訂之第八百七十條之一第三項中規定:「因第一項調整而受利益之抵押權人，亦得實行調整前次序在先之抵押權。」

2.次序權處分及於共同抵押人之效力

為同一債權之擔保，於數不動產上設定抵押權，而未限定各個不動產所負擔之金額，抵押權人原本可就各個不動產賣得之價金，受債權全部或一部之清償。如先次序或同次序之抵押權人，因調整可優先受償分配額而喪失其優先受償利益，則必使其他共同抵押人增加負擔，以上述次序權讓與之案例言，第一次序抵押權人乙讓與其次序權於第三次序抵押權人丁，甲所提供之抵押物拍賣時，乙之應受分配額必會減少，此時如乙之債權仍有其他不動產共同擔保，則乙可轉而向其他共同抵押之不動產求償，如此一來，勢必增加共同抵押人之負擔。為求公平，除非經共同抵押人之同意，否則無令其增加負擔之理。因此於第八百七十條之一第四項明定:「調整優先受償分配額時，其次序在先之抵押權所擔保之債權，如有第三人之不動產為同一債權之擔保者，在因調整後增加負擔之限度內，以該不動產為標的物之抵押權消滅。但經該第三人同意者，不在此限。」

3.次序權處分及於保證人之效力

　　抵押權所擔保之債權有保證人者，於保證人清償債務後，債權人對於債務人之債權，當然移轉於保證人，該債權之抵押權亦隨同移轉，由此可見，抵押權關乎保證人之利益甚大。基於誠信原則，債權人不應僅依自己之意思，使保證人之權益受影響。而且先次序抵押權人有較後次序抵押權人優先受清償之機會，則先次序抵押權所擔保債權之保證人代負履行債務之機會較少。如因次序權讓與或拋棄而使先次序或同次序之抵押權喪失優先受償利益，將使該保證人代負履行債務之機會大增，對保證人有失公平。故於先次序或同次序之抵押權因調整可優先受償分配額而喪失優先受償之利益時，除經該保證人同意調整外，保證人應於喪失優先受償之利益限度內，免其責任，始為平允，物權編遂仿民法第七百五十一條規定之立法意旨，增訂第八百七十條之二，明定：「調整可優先受償分配額時，其次序在先之抵押權所擔保之債權有保證人者，於因調整後所失優先受償之利益限度內，保證人免其責任。但經該保證人同意調整者，不在此限。」

第二節　抵押權之實行

一、抵押權實行之要件

　　抵押權之實行，係指債權已屆清償期，而未受清償時，抵押權人得就抵押物求償之辦法。抵押權之目的是為擔保債權之受償，故債權屆期未受清償時，抵押權人當然可以就抵押物求償，以發揮抵押權之作用，換言之，抵押權之實行是抵押權效力之中心。因此民法第八百七十三條第一項規定：「抵押權人，於債權已屆清償期，而未受清償者，得聲請法院，拍賣抵押物，就其賣得價金而受清償。」

　　抵押權之實行需具備下列三個要件：

(一)須抵押權有效存在

　　抵押權實行之前提要件，是抵押權有效存在，亦即合乎成立要件且已

辦理登記完畢，亦未經清償債權而塗銷登記之抵押權。抵押權之設定未合乎成立要件而不成立，例如未做成書面契約，或雖具備成立要件但未經登記，是為無效之抵押權，當然無法實行。又雖然是已經生效之抵押權，但其所擔保之債權已經債務人清償，則抵押權因消滅上從屬性而消滅，亦無法實行。

㈡須給付遲延

抵押權之實行，必須債權已屆清償期而未為給付，抵押權人始能就抵押物求償。所謂清償期係指應為清償之時期，土地登記簿上有記載清償期者，以該記載之日期為準，如無記載清償期者，其他得請求清償之時，例如第三百十五條所規定者或如第四百七十七條之所規定者，當然亦可為清償期之標準❷。所登記之清償期如與抵押權設定契約所記載之清償期不同，仍然以土地登記簿所記載者為準❸。

第八百七十三條所規定之「已屆清償期未受清償之債權」，係指本金債權而已？或包含該債權所生之利息債權？學者認為應以本金債權為限，不應包含利息債權。不僅於第八百七十三條之規定如此，第八百七十三條之一及第八百七十八條所謂之「債權」，亦應為相同之解釋，否則如認為包含利息債權，抵押權人於利息未受清償時，得依第八百七十八條之規定，訂約取得抵押物之所有權，自與第八百七十三條規定之立法意旨不合。因此，無論是第八百七十三條及第八百七十三條之一的規定，或第八百七十八條之規定，對「已屆期而未受清償債權」用語之解釋，一律相同，皆限定於本金債權❹，除非當事人約定於利息未按期支付時得實行抵押權並經登記者外。

㈢須無不得實行之法令上限制

---

❷ 院字第二一八七號解釋。

❸ 五十八年臺抗字第五二四號判例。

❹ 謝在全，《民法物權論》（中），第五三七頁～第五三八頁。

法令上如有暫時不得實行抵押權之限制,抵押權人自不得實行抵押權。例如股份有限公司經聲請重整時, 為實現重整之目的, 法院於公司之重整裁定前, 得因公司或利害關係人之聲請或依職權, 以裁定對公司履行債務及對公司行使債權, 加以限制 (公司法第二百八十七條第一項第三款), 如果抵押權之實行或其擔保債權之行使亦在此限制之內, 抵押權人自不得實行其抵押權。

二、拍賣抵押物

實行抵押權之方法, 依據民法第八百七十三條、第八百七十三條之一及第八百七十八條之規定, 共有三種方法, 一是聲請法院拍賣抵押物, 二是訂立契約取得抵押物之所有權, 三是以其他方法處分抵押物。其中最重要及最主要之方法, 為聲請法院拍賣抵押物。

㈠拍賣之性質

拍賣乃國家依其執行機關所為標的物之變價行為。此種行為之性質有謂係私法行為, 有謂係公法行為, 亦或有謂特種買賣行為說❸, 有謂係訴訟事件, 有謂係非訟事件。拍賣既然須依照強制執行法之規定為之, 自應解釋為公法行為❸, 但是實務上卻採私法行為說, 即以債務人為出賣人, 拍定人為買受人, 執行法院僅是代表債務人立於出賣人之地位而已❸。但是雖然採取私法行為說, 因拍賣而取得不動產物權者, 不以登記為生效要件, 且依強制執行法第一百十三條及第六十九條之規定, 拍定人即買受人就物之瑕疵無擔保請求權, 與一般私法上之買賣仍然不同。拍賣既然僅依照強制執行法所規定之程序進行, 不需經過審判之訴訟程序, 自應屬於非訟事件。

---

❸ 姚瑞光,《民法物權論》, 第二四一頁。

❸ 鄭玉波,《民法物權》, 第二八〇頁。

❸ 四十九年臺上字第二三八五號判例, 四十七年臺上字第一五二號判例。

㈡拍賣之強制執行程序

抵押物為不動產，其拍賣程序，自應適用強制執行法第二章第三節對於不動產執行之規定。其之程序略述如下：

1.許可拍賣抵押物之聲請

依強制執行法第四條第一項第五款之規定，抵押權人為拍賣抵押物須向法院聲請為許可強制執行之裁定，然後再以此許可強制執行之裁定為執行名義，向法院聲請強制執行。

聲請法院許可拍賣抵押物為非訟事件，因此法院僅能從形式上審查，只須其抵押權已經依法登記，且債權已屆清償期而未受清償，法令上又無不得行使之限制，法院即應為准許拍賣之裁定。至於其抵押權或所擔保之債權是否確實存在，登記之債權清償期是否有變更等實體事項，均非法院所得審查❸❽。因此，聲請許可拍賣抵押物時，只須提出他項權利證明書為已足，無需提出債權字據或證明。如果對於此項法律關係有爭執之人為保護其權利，必須另行訴訟，不得於聲請法院拍賣抵押物之非訟事件程序中爭執或提起抗告，請求不許拍賣❸❾。抵押物之強制執行程序本為非訟事件，非為訴訟事件，當然無法於該程序中確定實體上權利之存否。

聲請拍賣抵押物許可之管轄法院，依非訟事件法第七十一條第一項之規定，是拍賣物所在地之法院，故聲請拍賣抵押物之許可應向不動產所在地之法院為之。

抵押權人聲請法院許可拍賣抵押物時，非以債務人為相對人，而是應以抵押人為相對人。如果抵押權設定後，抵押物讓與第三人時，則抵押物拍賣許可聲請時，應以抵押物現在之所有人為相對人，因為依第八百六十七條但書之規定，不動產所有人設定抵押權後，將不動產讓與他人者，其抵押權不受影響，抵押權人得本於追及物之效力實行其抵押權，不動產既經抵押人讓與他人而屬於受讓之他人所有，則因實行抵押權而聲請法院裁

---

❸❽　五十八年臺抗字第五二四號判例。

❸❾　最高法院五十一年度第五次民刑庭總會決議。

定准許拍賣該不動產，自應列受讓之他人為相對人。抵押權人實行抵押權時，抵押人已死亡但繼承人尚未辦理繼承登記，此時抵押權人聲請法院准許拍賣抵押物時應以何人為相對人？依非訟事件法第七十一條第二項規定：「拍賣之抵押物，如為未經辦理繼承登記之不動產，執行法院應囑託地政機關辦理繼承登記後拍賣之。」及強制執行法第十一條第三項之規定，抵押權人可檢附抵押人之繼承人戶籍謄本，聲請法院對抵押人之繼承人裁定准許拍賣抵押物，不需等待繼承人辦妥繼承登記後，再向法院聲請❹。

　　2.拍賣之強制執行程序

　　抵押權人取得法院准許拍賣抵押物之裁定後，無須確定即可以之為執行名義，向執行法院聲請就抵押物強制執行，即查封抵押物並予以拍賣，所以抵押物之強制執行程序，實際上即為抵押物之拍賣程序。

　　拍賣抵押物，須由抵押權人以准許抵押物拍賣之裁定向法院聲請強制執行，抵押物強制執行之程序是以查封抵押物開始（強制執行法第七十五條、第七十六條），然後執行法院應命鑑定人就該抵押物估定價格，經核定後為拍賣最低價格，再由執行法院公告拍賣日期及場所，同時通知債權人、債務人及抵押人於拍賣日期到場。拍定應就應買人所出之最高價高呼三次為之，或以投標之方法為之。拍賣期日，應買人所出之最高價未達於拍賣最低價額者，執行拍賣人應不為拍定，由執行法院定期再行拍賣。抵押物拍賣終結後，書記官應作成筆錄，並應由執行拍賣人簽名。拍賣之不動產，買受人繳足價金後，執行法院應發給權利證明書及其他書據。總括而言，整個強制執行程序須經過查封、鑑價與拍賣三個階段始告終結。

㈢拍賣之效果

1.拍賣及於抵押權人之效果

(1)賣得價金之分配

　　抵押權人實行抵押權之主要目的是將抵押物拍賣，以拍賣所得之價金

---

❹　七十四年臺抗字第四三一號判例，八十七年臺抗字第三一一號裁定。

❹　八十五年臺抗字第二〇六號裁定。

優先清償其債權，因此對抵押權人而言，拍賣抵押物之首要效果當然為賣得價金之分配。於分配拍賣所得價金於抵押權人之前，須先扣除強制執行之費用後，再將餘額交付債權人（強制執行法第七十四條、第一百十三條）。此外，抵押物若為土地而且須繳納土地增值稅時，依據稅捐稽徵法第六條第二項規定：「土地增值稅之徵收，就土地之自然漲價部分，優先於一切債權及抵押權」，而第八百七十一條第二項亦規定抵押權人為保全抵押物所生之費用優先於抵押權受償，基於此些特別之規定，**拍賣所得之價金需先扣除強制執行費用、土地增值稅及保全抵押物費用等之後，才能分配給抵押權人。**換言之，抵押物拍賣價金之分配次序，除物權編有規定外，尚有其他法律規定須遵守，為期第八百七十四條規定之周延，因此於該條前段之規定中增列「除法律另有規定外」一語。

依據第八百七十四條前段「抵押物賣得之價金，除法律另有規定外，按各抵押權成立之次序分配之」之規定，所謂次序是指依抵押權登記之先後而定之順位，次序在先者可就賣得價金優先受償，次序在後者，只能就其餘額受償，次序相同者，依據第八百七十四條後段「其次序相同者，依債權額比例分配之」之規定❷，應按各該債權額比例受償。抵押權人因受拍賣價金之分配，抵押權所擔保之債權歸於消滅，抵押權亦歸於消滅，即使抵押權人受分配之金額未足清償其債權，致其債權未能全部消滅時，抵押權仍然因抵押物拍賣而消滅。

⑵拍賣標的物之擴張

我國因為土地上之建築物可單獨為所有權之客體，因此允許單獨以土地為標的物設定抵押權。如果僅以土地為抵押者，抵押權人實行抵押權時，僅能拍賣土地，不能拍賣土地上之建築物。如此一來，抵押土地之拍賣一定會受到影響，如果不是價值低落，即是不易拍定，而且亦將使得建築物因無基地使用權而面臨拆除之命運，有害於社會之經濟。為保護抵押權人之利益，與社會之經濟，民法第八百七十七條第一項規定：「土地所有人於

---

❷ 未修正前第八百七十四條後段之規定為：「其次序同者，平均分配之。」文義不甚明顯，易生爭議，因此此次擔保物權法之修正，遂將之修訂為現行法之規定。

設定抵押權後，在抵押之土地上營造建築物者，抵押權人於必要時，得於強制執行程序中聲請法院將其建築物與土地併付拍賣。但對於建築物之價金，無優先受清償之權。」學說稱此為拍賣標的物之擴張。

拍賣標的物之擴張，依第八百七十七條第一項之規定，應具備下列要件：

A.建築物須為土地設定抵押權後所建

建築物如果於抵押權設定前已建造，則抵押權人於設定抵押權時，已能預見將來抵押土地拍賣時，其之價值所可能受到之影響，法律實在不須特設解決之道。

B.建築物須為土地所有人所建

建築物若非土地所有人所建，而是其他有使用土地權利者所建，例如地上權人或基地承租人所建，於抵押之土地拍賣時，無法適用第八百七十七條之規定，而是應依第八百六十六條之規定解決。土地所有人建造建築物後，將建築物及抵押之土地一併讓與他人，或者土地所有人先將抵押土地讓與第三人後，第三人於該抵押土地上建造建築物時，亦有本條之適用④④。**由第八百七十七條規定之文義言，所要求者是併付拍賣之建築物須與抵押之土地為同一人所有，至於抵押土地及建築物於拍賣時是否仍為原抵押人所有，則非所問。**因此，如果土地所有人於建築物建造後，僅單獨讓與建築物，或僅單獨讓與土地，於抵押權人拍賣土地時，不得請求併付拍賣建築物④⑤。

但是土地抵押後，其上之建築物雖非土地所有人所建造，於抵押權實行時，土地及建築物已歸於一人所有者，應有第八百七十七條規定之適用，如此才能貫徹該條為保護抵押權人之利益及社會經濟之立法目的④⑥。

C.須建築物與土地有併付拍賣之必要

---

④③ 學者認為第八百七十七條之規定與第八百六十六條之規定同，均具有調和抵押物之抵押權與用益權間利益之意旨。謝在全，《民法物權論》(中)，第五五四頁。

④④ 謝在全，《民法物權論》(中)，第五五五頁。

④⑤ 同上註

④⑥ 八十九年臺抗字第三五二號裁定。

建築物是否與土地有併付拍賣之必要，是以僅拍賣土地時，是否足以清償所擔保之債權而定，如僅拍賣抵押土地，其所得價金已足以清償所擔保之債權時，土地上之建築物即無併付拍賣之必要。

具備上述三個要件，抵押權人即可請求將建築物與土地併付拍賣，此為抵押權人之權利，抵押權人可自由決定，法院及建築物所有人不得依職權裁定或代為主張。第八百七十七條之原條文僅規定「得將其建築物與土地併付拍賣」，則究竟是指抵押權人只能聲請執行法院併付拍賣，或是可由抵押權人自行併付拍賣？易生疑義，而「拍賣」為執行方法，應於條文中明定於強制執行程序中由抵押權人聲請執行法院決定之，始為妥當。因此，擔保物權法修正時，於第八百七十七條增列「得於強制執行程序中聲請法院」之文字。

因建築物並非抵押權之標的物，縱然併付拍賣，其賣得之價金仍然非抵押權效力之所及，因此抵押權人不能就建築物賣得之價金主張優先受償。

為維護抵押權人利益，於不動產抵押後，在該不動產上有用益物權人或經其同意使用之人之建築物者，該權利人使用不動產之權利雖得先依第八百六十六條第二項規定予以除去，惟為兼顧社會經濟及土地用益權人利益，該建築物允應併予拍賣為宜，但建築物拍賣所得價金，抵押權人無優先受償權，因此民法修正時，又於第八百七十七條增訂第二項規定：「前項規定，於第八百六十六條第二項及第三項之情形，如抵押之不動產上，有該權利人或經其同意使用之人之建築物者，準用之。」

另外亦增訂第八百七十七條之一：「以建築物設定抵押權者，於法院拍賣抵押物時，其抵押物存在所必要之權利得讓與者，應併付拍賣。但抵押權人對於該權利賣得之價金，無優先受清償之權」。因為土地與建築物固為各別之不動產，各得單獨為交易之標的，但建築物性質上不能與土地使用權分離而存在，故以建築物設定抵押權，於抵押之建築物拍賣時，其土地對建築物存在所必要之權利得讓與者，例如地上權、土地租賃權等，應併付拍賣，始無害於社會經濟利益（民法債編增訂第四百二十五條之一、第四百二十六條之一及最高法院四十八年臺上字第一四五七號判例參照）。但

是該權利非抵押權之標的物，抵押權人對其賣得之價金，無優先受清償之權，始為平允，所以增訂本條規定。

2.拍賣及於拍定人之效果

(1)拍賣標的物權利之取得

拍賣之不動產，買受人自領得執行法院所發給權利移轉證明書之日起，取得該不動產所有權。債務人應交出不動產者，執行人員應點交於買受人或其代理人，如有拒絕交出或其他情事時，得請警察協助，此於強制執行法第九十八條及第九十九條中有明文規定。

強制執行程序中之拍賣，依實務之見解雖認為是私法上之買賣行為，但拍定人取得所有權之程序究竟與一般買賣不同，因此不適用民法第七百五十八條之規定，而是適用第七百五十九條之規定，不以登記為取得所有權之生效要件，而是拍定人欲處分所買得之不動產時須先登記才能為之。此外，於一般買賣買受人對於標的物有瑕疵擔保請求權，但在拍賣中買受人並無此項權利（強制執行法第一百十三條準用第六十九條）。

拍賣之性質既為私法上之買賣行為，則拍定人取得抵押物之所有權應為繼受取得，如果抵押權之設定是以偽造之文書所為，或有其他無效之原因者，抵押物之真正所有人於拍賣抵押物之強制執行程序終結後，仍然可以訴請返還抵押物，拍定人不能取得其所有權❹。

拍定人因是繼受取得抵押物，故成立於抵押權設定前之用益物權或租賃權，於抵押物拍賣後仍繼續存在，應隨同拍賣標的物而移轉。抵押物上之用益物權或租賃權，如是在抵押權設定後所成立者，若不影響抵押權，於抵押物拍賣後當然繼續存在，如影響抵押權者，經執行法院除去後，執行法院應依職權函請地政機關塗銷該用益物權之登記，抵押物當然不再有負擔存在。

(2)法定地上權之發生

我國因不認為建築物為土地之重要成分，而是獨立之不動產，可單獨為所有權之客體。但是建築物終究不能離開其基地而成為空中閣樓，因此

❹ 姚瑞光，《民法物權論》，第二五〇頁。

土地與其上之建築物如同屬一人所有，固無問題，一旦土地與建築物之所有人不同時，建築物對其基地之利用關係，必須有一妥當的解決之道，否則易生紛爭，甚而造成建築物必須被拆毀之後果，對社會經濟有重大影響，因此有法定地上權制度之產生。

法定地上權發生情形有兩種：第一種是土地及其上建築物同屬一人所有，而僅以土地或僅以建築物為抵押者，於抵押物拍賣時，視為已有地上權之設定（民法第八百七十六條第一項），第二種情形是土地及其土地上之建築物同屬於一人所有，而以土地及建築物為抵押者，如經拍賣，其土地與建築物之拍定人各異時，亦視為有地上權之設定（民法第八百七十六條第二項）。由此二種情形可推知，法定地上權成立時需具備下列之要件：

A.須土地及其土地上建築物原屬於同一人所有

土地與其土地上之建築物需屬於同一人之所有，因為如果原已異其所有人時，利用關係早已確定，無適用第八百七十六條規定之餘地。只要土地及其上之建築物同屬一人所有，則不論是僅以土地或僅以建築物或同時以土地及建築物設定抵押權，則在所不問。

第八百七十六條第一項之原條文為：「土地及其土地上之建築物，同屬於一人所有，而僅以土地或僅以建築物為抵押者，於抵押物拍賣時，視為已有地上權之設定，其地租由當事人協議定之。協議不諧時，得聲請法院定之。」因此有下列之疑問：僅以土地設定抵押權時，是否以建築物業已存在為必要？學說上對此有不同之見解。認為抵押權設定後所建造之建築物亦可發生法定地上權者，是從抵押權之特色看此問題，因為抵押權之設定，不但不能禁止設定人使用收益其抵押物，反之，令設定人發揮其使用收益權能，為近代抵押權之特色，因此設定人於抵押土地上建造建築物，實是增加土地利用價值之最好方法，當然合乎法的要求。如果因為建築物是於抵押權設定後所營造者，而不承認其得享有法定地上權之利益時，則法律一方面希望土地所有人善於利用土地，另一方面卻又使於拍賣時造成拆毀建築物之結果，豈非自相矛盾❹❽？

❹❽　鄭玉波，《民法物權》，第二八五頁，這是少數說。

上述見解不為實務所認同，實務認為民法第八百七十六條第一項之法定地上權，須以該建築物，於土地設定抵押權時業已存在，並具相當之經濟價值為要件。房屋如果是建築於設定抵押權之後，於抵押權設定當時尚未存在，或者房舍（例如豬舍），雖建於設定抵押權之前，但其價值無幾，雖予拆除，於社會經濟亦無甚影響，均不能視為第八百七十六條第一項中，可成立法定地上權之建築物❹。這項見解獲得多數學者之認同❺，因為從第八百七十六條第一、二項原有規定之文義觀之，設定抵押權當時，土地上已有建築物存在，否則，既不可能「僅以建築物為抵押」，亦不可能「以土地及建築物為抵押」。

如果抵押權人只是就土地設定抵押權，是以空地為其估價之標準，若允許抵押權設定後所建造之建築物可成立法定地上權，如此一來，土地之價值必會受到影響，對抵押權人勢必造成損害。為免抵押權人受到不測之損害，唯有設定抵押權時建築物已存在者，始有法定地上權成立之可能。為避免爭議，應將通說及實務共通之見解明文化，因此民法修正時，於第八百七十六條第一項及第二項規定之首，增訂「設定抵押權時」等文字，以期明確。

B.須依拍賣而實行抵押權

實行抵押權之方法，除了拍賣以外，尚可由抵押權人與抵押人訂立契約取得抵押物之所有權，或用其他方法處分抵押物。如果抵押權之實行非以拍賣之方式為之，而是以其他方法為之，則當事人間對於建築物在土地上之利用權的問題，必會同時有所安排，不須由法律介入。因此法定地上權之發生，需由於依拍賣而實行抵押權時始有可能。

C.須拍賣結果致土地與建築物各異其所有人

不論是僅以土地或建築物單獨設定抵押權，或者土地及建築物併付設

---

❹ 五十七年臺上字第一三〇三號判例。

❺ 史尚寬，《物權法論》，第二七三頁；姚瑞光，《民法物權論》，第二四四頁；謝在全，《民法物權論》（中），第五七五頁。

定抵押權，拍賣結果，如果土地及建築物同屬一人所有，因為建築物所有人仍使用自己之土地，當然無成立地上權之必要，必定是拍賣之結果為土地及建築物各異其所有人時，始有使得建築物所有人依法對土地取得地上權之必要。

合乎上述要件後，法定地上權成立。法定地上權之取得雖為物權變動之一種情形，但因非是基於法律行為而發生，而是基於法律規定而發生，依據第七百五十九條之規定，不待登記即生效力，但非經登記不得處分。**因此以建築物為抵押者，自買受人或承受之債權人領得執行法院所發給之權利移轉證明書之日，對於建築物之基地取得法定地上權。以土地為抵押者，自土地之買受人或承受之債權人領得執行法院所發給之權利移轉證明書之日起，建築物之所有人對該土地即取得法定地上權。**

法律視為建築物所有人已有地上權，目的在使建築物取得基地之利用權，以避免社會經濟之損害，非在使建築物所有人取得無償利用他人土地之利益。因此第八百七十六條第一項規定，原本就要求法定地上權之地租應由當事人協議定之，協議不諧時，得聲請法院定之。但是所謂「得聲請法院定之」，是否須由法院以判決決定之，易生疑義，因此民法將本條項規定修正為：「不能協議者，得聲請法院以判決定之。」

地上權依法律規定發生後，所應解決之問題不僅是地租之問題，尚包含地上權範圍之大小、地上權存續期間之長短等，但民法第八百七十六條第一項原有之規定只提及地租一事，顯然不夠周延，因此立法院於修正第八百七十六條第一項之規定時，將地上權之期間及範圍一併列入為當事人應協議定之之事項，如不能協議，應聲請法院以判決定之[51]。

設定抵押權之當事人，可否以特約排除第八百七十六條規定之適用？學者認為第八百七十六條所規定法定地上權之當事人，係拍賣抵押物後之

---

[51] 新修正之第八百七十六條第一項規定：「設定抵押權時，土地及其土地上之建築物，同屬於一人所有，而僅以土地或僅以建築物為抵押者，於抵押物拍賣時，視為已有地上權之設定，其地租、期間及範圍由當事人協議定之。不能協議者，得聲請法院以判決定之。」

建築物所有人及土地所有人，基於地上權無不許拋棄之法理，在僅以土地為抵押者，於拍賣土地時，抵押人與拍定人特約，由抵押人（即建築物所有人）拋棄其法定地上權，在僅以建築物為抵押者，於拍賣建築物時，拍定人與抵押人特約，由拍定人拋棄其法定地上權，似均無禁止之理由❺❷。

3.拍賣及於抵押人之效果

⑴所有權之消滅

抵押物被拍賣後，抵押人之所有權因移轉於拍定人而歸於消滅。

⑵求償權與代位權之發生

抵押物若是由債務人自己所提供，拍賣後，抵押物之所有權雖歸於消滅，但債務人之債務也同時因此而獲得清償，債務人以自己所有之財產清償自己之債務，當然不發生求償之問題。但是抵押物如果是由第三人所提供者，抵押人是以自己所有之財產清償他人之債務，因此抵押權法修正前，第八百七十九條原條文規定：「為債務人設定抵押權之第三人，代為清償債務，或因抵押權人實行抵押權致失抵押物之所有權時，依關於保證之規定，對於債務人，有求償權。」

債務人屆期不清償其債務時，則抵押物將面臨被拍賣之命運，而物上保證人將因之而喪失其抵押物之所有權。此時物上保證人若不欲喪失抵押物之所有權時，有兩個途徑可選擇，一個是於拍賣時參加應買，另一個則是代替債務人清償債務，參加應買是否一定能夠拍定，無法預測，不如代為清償債務，較為穩當。物上保證人如果代為清償債務後，因其所清償之債務非自己所應負之責任，故民法第八百七十九條原規定物上保證人可依關於保證之規定向債務人求償，始為公平。也就是說，物上保證人於代為清償後，可以依民法第七百四十九條規定，承受債權人對債務人之債權，此謂之「代位權」❺❸。此外物上保證人如因抵押權實行，致喪失抵押物所

---

❺❷ 姚瑞光，《民法物權論》，第二四八頁。

❺❸ 第七百四十九條與第三百十二條之規定相同，學者皆謂代為清償債務者依據第三百十二條所取得之權利為代位權，則保證人代為清償債務後亦享有代位權，可代為向債務人主張權利，參閱鄭玉波，《民法債編總論》，第六一九頁。物上

有權時，其結果與由物上保證人代為清償債務相同，債務人於此兩種情形皆是坐享其利，因此物上保證人亦可以依關於保證之規定有代位權，以保護物上保證人。

物上保證人對於債務人之求償權，原有條文雖僅規定「依關於保證之規定」，但由第三人提供抵押物時，不但涉及物上保證人與債務人之關係，同時也影響及與保證人之關係，頗為複雜，為期周延，應設根本解決之規定。此外依據保證之規定，物上保證人代為清償債務後，是承受債權人對債務人之權利，而非是有向債務人求償之權利，但原條文卻規定「對債務人有求償權」，為求法條前後用語一致，以避免爭議❺❹，因此將第八百七十九條原規定修正為：「為債務人設定抵押權之第三人，代為清償債務，或因抵押權人實行抵押權致失抵押物之所有權時，該第三人於其清償之限度內，承受債權人對於債務人之債權。但不得有害於債權人之利益」，並改列為第一項。

債務人如有保證人時，物上保證人與保證人實質上均是以自己之財產擔保他人之債務，因此物上保證與普通保證不應有不同之責任範圍。因此，物上保證人於代為清償債務，或因抵押權人實行抵押權致失抵押物之所有權時，自得就超過其應分擔額之範圍內對保證人具有求償權與承受權，始為公允。此謂之物上保證人與保證人平等說。為達物上保證人與普通保證人平等之目的，擔保物權法修正時，於民法第八百七十九條增訂第二項及第三項之規定，就物上保證人向普通保證人行使權利之範圍與方式予以明定。增訂之第八百七十九條第二項之規定為：「債務人如有保證人時，保證人應分擔之部分，依保證人應負之履行責任與抵押物之價值或限定之金額比例定之。抵押物之擔保債權額少於抵押物之價值者，應以該債權額為準。」第三項之規定則為：「前項情形，抵押人就超過其分擔額之範圍，得請求保

保證人雖可因代為清償而享有代位權，但物上保證人之代為清償債務並非其責任，故無法強迫其必須清償。最高法院二十三年上字第三二○一號判例明白指出：「為債務人設定抵押權之第三人代為清償債務時，固得依關於保證之規定對於債務人有求償權，但不得據此即謂第三人有代償債務之責任。」

❺❹ 求償權與代位權之區別，參閱孫森焱，《民法債編總論》（下），第一○三九頁。

證人償還其應分擔部分。」

　　依增訂之第八百七十九條第二項規定，則保證人應分擔之部分，依保證人應負之履行責任與抵押物拍賣時之價值或限定之金額比例定之。抵押物之擔保債權額少於抵押物拍賣時之價值者，應以該債權額為準。例如甲對乙負有九十萬元之債務，由丙為全額清償之保證人，丁則提供其所有價值六十萬元之土地一筆設定抵押權予乙。甲逾期未能清償，乙即聲請拍賣丁之土地而受償六十萬元。依本項規定，乙對甲之原有債權中之六十萬元部分，由丁承受；保證人丙就全部債務之應分擔部分為五十四萬元 $(=90×[90÷(90+60)])$，丁就全部債務之應分擔部分則為三十六萬元 $(=90×[60÷(90+60)])$，丁已清償六十萬元，故僅得就超過自己分擔部分對丙求償二十四萬元。相反地，如果丁所提供之土地價值一百二十萬，乙聲請拍賣丁之土地，而其債權九十萬全部受償，則此時丁之分擔額為四十五萬 $(=90×[90÷(90+90)])$，保證人丙之分擔額為四十五萬 $(=90×[90÷(90+90)])$，丁可以向丙求償四十五萬。又物上保證人向保證人求償時，應視該保證之性質定之。如為連帶保證或拋棄先訴抗辯權之保證人時，該物上保證人得直接向保證人求償；如為普通保證人，因其有先訴抗辯權，如其主張先訴抗辯權時，該物上保證人則應先向債務人求償，於債務人不能償還時，始得向保證人求償，此為當然之法理。

　　物上保證人代為清償債務，或因抵押權人實行抵押權致失抵押物之所有權時，依修正之第八百七十九條第一項之規定，於其清償之限度內，承受債權人對於債務人之債權，如該債務有保證人時，該物上保證人對之即有求償權。但是債權人如免除保證人之保證責任時，該物上保證人原得向保證人求償之權利，即隨之受影響。為示公平並期明確，修正條文再增訂第八百七十九條之一，明定第三人為債務人設定抵押權時，如債權人免除保證人之保證責任者，於第八百七十九條第二項保證人應分擔部分之限度內，該部分抵押權消滅。

4.拍賣及於抵押物受讓人之效果

　　拍賣對抵押權設定後取得抵押物所有權之第三人（即抵押物受讓人）

的效力如何？此第三人之權利是於抵押權設定後才取得，當然不會影響抵押權。但抵押物一經拍賣後，抵押物受讓人之權利即隨之消滅，此時抵押物受讓人為求自己之權利受到保障，可於拍賣時參加應買，以保持其權利，亦可以先代為清償債務，使抵押權消滅。抵押物受讓人代為清償債務時，可否適用第八百七十九條之規定？第八百七十九條第一項明文規定，為債務人設定抵押權之第三人，才能承受債權人對債務人之權利，因此抵押物受讓人不得適用第八百七十九條之規定❺。但實務及學者通說，認為抵押物受讓人是民法第三百十二條所指就債之履行有利害關係之第三人，如果代為清償債務，可依第三百十二條之規定，於其清償限度內，承受債權人之權利❺。

此外，抵押物之受讓人於抵押物拍賣後，本可對抵押物之讓與人主張瑕疵擔保請求權以保護自己之權益，但瑕疵擔保是於買賣契約成立時，買受人不知有瑕疵者始有其適用，如買賣當時買受人已知有瑕疵，出賣人不負擔保責任。抵押物之受讓人是於抵押權設定後才取得抵押物之所有權，因抵押權已登記在先，抵押物受讓人不可能不知情，既然抵押物受讓人對抵押物之權利瑕疵知情，卻仍願意買受，當然無法再主張權利瑕疵之擔保。

三、拍賣以外之方法

抵押權之實行方法，最主要為拍賣，但是拍賣之程序複雜而繁瑣，又有執行費用須繳納，對抵押權人及抵押人皆非有利。因此民法第八百七十八條規定：「抵押權人於債權清償期屆滿後，為受清償，得訂立契約，取得抵押物之所有權或用拍賣以外之方法，處分抵押物。但有害於其他抵押權人之利益者，不在此限。」由此規定可知，以拍賣以外之方法實行抵押權者，一為訂立抵押物所有權讓與之契約，即所謂之「代物清償契約」，另一為以

---

❺ 謝在全，《民法物權論》（下），第三頁。

❺ 六十五年臺上字第七九六號判例；鄭玉波，《民法債編總論》，第六二二頁；鄭玉波，《民法物權》，第二八九頁；孫森焱，《民法債編總論》（下），第一○三四頁。

拍賣及代物清償契約以外之方法實行抵押權。

(一)代物清償契約

抵押權人可以不將抵押物付予拍賣，自己取得抵押物所有權，以代清償，亦即以抵押物所有權之讓與代替債務之清償。此種代物清償，不能任由抵押權人或抵押人單方面主張[57]，而是需由抵押權人及抵押人以契約為之。抵押權人及抵押人可於債權清償期屆滿之後，訂立所有權讓與契約以代替債務清償。

債權清償期屆滿前，預先約定於債權屆期未清償時，抵押物之所有權移轉於抵押權人者，稱之為「流抵契約」或「流質契約」。擔保物權法未修正前，流抵契約為民法原第八百七十三條第二項規定所明文禁止。因為抵押物之價格，有時漲有時落，如果認為清償期屆滿前之代物清償契約有效，則清償期屆至後，抵押物之價格若有漲升時，抵押權人受有不當之利益，抵押人及其他債權人則遭受意外之損失。而且抵押權之設定，大多是因金錢借貸而發生，借貸者大多窘急，如果法律不禁止流抵契約之訂立，抵押權人勢必利用此一機會落井下石，以小額之借貸金額，換取高價抵押物之所有權，因此民法不應承認流抵契約之效力，以保護債務人。但所無效者僅為「流抵契約」或「流抵條款」，抵押權設定之契約不受到影響[58]。

但是擔保物權法修正時，卻刪除原第八百七十三條第二項之規定，改採流抵契約自由原則。因為債務人責任和擔保制度是息息相關，債務人的清償義務，在有擔保制度下，經由妥當的設計，可以達到雙方權利義務的平衡，因而流抵契約並非當然對債務人不利。流抵契約對債務人是否不利，必須與債務人之責任合併觀察，當債務人負無限清償責任時，移屬於抵押權人所有之抵押物價值如高於債權總額時，如抵押權人又無償還超過擔保債權部分金額之義務時，對債務人的確不利，但不因此即有必要認為流抵契約應為無效，當債務人負物的有限責任時，則是賦予債務人清償債務和

---

[57]　十八年上字第二〇二九號判例。

[58]　二十二年上字第三三四四號判例。

流抵的選擇，債務人如選擇流抵，當然是流抵契約符合債務人之利益，債務人才會作此選擇。禁止流抵契約並不合理，是以偏概全。實務見解雖禁止流抵契約，卻同時承認讓與擔保，不僅互相矛盾，亦無法貫徹流抵契約禁止之立法意旨，更證明禁止流抵契約規定之不合理。故於擔保物權法修正時，刪除流抵契約禁止之規定，而增訂第八百七十三條之一。

抵押權人與抵押人所約定之流抵契約，僅具債權效力，不論有無登記，於當事人間當然有效，但是顧及交易安全，流抵契約應經登記，始能對抗第三人。因此第八百七十三條之一第一項規定：「約定於債權已屆清償期而未為清償時，抵押物之所有權移屬於抵押權人者，非經登記，不得對抗第三人。」抵押權旨在擔保債權之優先受償，非使抵押權人因此獲得債權清償以外之利益，如抵押物之價值超過債權額者，自應返還抵押人，反之，抵押物之價值不足清償擔保債權者，抵押權人當然仍可請求債務人清償。因此第八百七十三條之一於第二項中規定：「抵押權人請求抵押人為抵押物所有權之移轉時，抵押物價值超過擔保債權部分，應返還抵押人；不足清償擔保債權者，仍得請求債務人清償。」抵押人雖與抵押權人訂有流抵契約，但於擔保債權清償期屆至後，抵押物所有權移轉於抵押權人前，抵押權及其擔保債權尚未消滅時，抵押人或債務人當然得清償債務，以消滅債權，並免除其移轉抵押物所有權之義務。因此第八百七十三條之一於第三項中規定：「抵押人在抵押物所有權移轉於抵押權人前，得清償抵押權擔保之債權，以消滅該抵押權。」

依據民法第八百七十八條但書之規定，代物清償契約須不害及其他抵押權人之利益。假設抵押物之拍賣可得一百萬元，而該抵押物上先後設有三個抵押權，第一次序抵押權債權額為五十萬元，第二次序抵押權債權額為四十萬元，第三次序抵押權為二十萬元，如拍賣時第一及第二次序抵押權皆可獲得全部滿足，第三次序之抵押權可獲得部分滿足。如果第一次序抵押權人與抵押人，於債權清償期屆至後訂立契約，取得抵押物之所有權以代清償，將損及第二及第三次序抵押權人之利益，法律當然無法容許。

㈡其他處分方法

抵押權人如果不想拍賣抵押物，或不想取得其所有權時，還可依其他處分方法實行其抵押權。例如抵押權人為避免強制拍賣抵押物之複雜程序，可以依通常買賣之方法將抵押物出售，而以其價金充償，或者將抵押物出典於人，而以其典價充償。但無論是以何種方法處分抵押物，皆必須於債權清償期屆至後，由抵押權人及抵押人訂立契約為之，而且此種契約不得有害其他抵押權人之利益。

 # 第三節　抵押權之消滅

抵押權是物權之一種，因此物權因為混同或拋棄而消滅之原則，於抵押權亦適用之。債權人於抵押權設定後取得抵押物之所有權者，其抵押權因混同而消滅，抵押權經拋棄者，當然亦消滅之。除此之外，抵押權獨有之消滅原因如下：

一、擔保債權之全部消滅

抵押權所擔保之債權如果因為清償、抵銷或免除而全部消滅時，基於抵押權之從屬性，抵押權當然亦隨之消滅，此在抵押權消滅上之從屬性中已有說明。如果擔保債權僅一部消滅者，抵押權固然亦為一部消滅，但是基於抵押權之不可分性，抵押物之全部仍然擔保剩餘之債權。

我國民法就消滅時效是採抗辯權發生主義，亦即債權雖罹於消滅時效，但其債權並不消滅，僅是債務人因此而有拒絕給付之權利，因此抵押權當

---

❺⁹　於債權清償期前所訂立之此類契約，與流抵契約無異，過去因為第八百七十三條第二項規定，故實務認為應屬無效。四十年臺上字第二二三號判例：「借款契約，訂有屆期不償，可將抵押物自行覓主變賣抵償之特約，實不啻將抵押物之所有權移屬於抵押權人，按諸民法第八百七十三條第二項之規定，其約定為無效。」現今第八百七十三條第二項規定已刪除，則上述判例能否繼續適用，不無疑問。

然依舊繼續存在，此從民法第一百四十五條第一項之規定：「以抵押權、質權或留置權擔保之請求權，雖經時效而消滅，債權人仍得就其抵押物、質物或留置物取償」即可知之。不過這是以原本債權或其他非定期給付之債權為限，若為利息或其他定期給付之各期請求權，經時效消滅者，依同條第二項之規定，仍不得就抵押物取償，是為就第一百二十六條之短期消滅時效債權所作之例外規定。

因此，原則上抵押權不因所擔保債權罹於消滅時效而消滅，如此一來雖對債權人有利，對抵押物之所有人卻為不利。民法於考慮抵押人之利益下而設有第八百八十條：「以抵押權擔保之債權，其請求權已因時效而消滅，如抵押權人於消滅時效完成後，五年間不實行其抵押權者，其抵押權消滅」之規定。這條規定為一例外性規定，因為抵押權為物權，在通常情形下不會因除斥期間之經過而消滅。但是抵押權所擔保之主債權既然已經因為消滅時效而成為自然債務，抵押權當然無永久繼續單獨存在之理由，否則害及抵押人之利益甚大，因此民法遂以抵押權因除斥期間經過而消滅，並無不可❻⓿。

二、除斥期間之經過

如上所述，抵押權依第八百八十條之規定，可因除斥期間之經過而消滅。第八百八十條所規定之五年的除斥期間是自消滅時效完成後算起❻①，而消滅時效尚有時效中斷或時效不完成之情形，因此抵押權之消滅時間未必是消滅時效期間加五年之除斥期間，以十五年之一般請求權消滅時效期間為例，其抵押權非必然屆滿二十年後即行消滅，如果消滅時效期間進行

---

❻⓿ 姚瑞光氏認為此項立法例是否妥當，仍需研討。姚瑞光，《民法物權論》，第二七六頁。

❻① 八十五年臺上字第六四六號判決：「消滅時效有中斷或不完成之問題，除斥期間則否，及權利人若未在除斥期間未經過前行使其權利，俟期間經過，權利即歸消滅。民法第八百八十條之五年期間，係除斥期間，如抵押權人於起訴後，未行使其抵押權，其除斥期間仍在繼續進行中，不因已起訴或案件仍在法院審理中而中斷進行。」

中發生時效中斷之事由，消滅時效需於該事由終止後重行起算，抵押權之除斥期間當然須隨同延後起算。至於該條規定所稱之「實行抵押權」，是指抵押權人依法院許可拍賣抵押物之裁定，聲請執行法院強制執行拍賣抵押物或於他債權人對於抵押物聲請強制執行時，聲明參與分配而言，不包括抵押權人僅聲請法院為許可拍賣抵押物裁定之情形在內 ❻❷。抵押權因除斥期間之經過而歸於消滅，不因債務人就抵押權之擔保債權是否為消滅時效之抗辯而受影響 ❻❸。

　　因除斥期間經過而消滅是因法律規定之事由而發生之物權變動，不需登記即生效力。

　　除斥期間之規定為強行規定，抵押權人及抵押人不能以特別約定加以改變。實務上抵押權登記時常有存續期限一項，但是抵押權是以擔保債務之清償為目的，因此從屬於擔保債權而存在，擔保債權未消滅前，除非抵押權有消滅之原因，否則抵押權應繼續存在，擔保債權消滅時，抵押權才會消滅，所以抵押權本身應無存續期限可言。換言之，即使抵押權設定時有存續期限之登記，抵押權也不會因存續期限屆滿而消滅。而抵押權人與抵押人所約定之存續期間如果逾第八百八十條所定之除斥期間或較其為短者，是違反除斥期間不得變更之強制性，該約定應屬無效。據此而言，抵押權存續期限之約定與登記，並不具任何意義 ❻❹。

三、抵押物之滅失

　　物權因標的物之滅失而消滅，抵押權是物權當然不例外，因此第八百八十一條第一項規定：「抵押權除法律另有規定外，因抵押物滅失而消滅」。此處所謂滅失包括法律上之滅失，例如抵押物之公用徵收，與事實上之滅失，例如抵押房屋之被焚毀兩者在內。但第八百八十一條第一項但書規定：「但抵押人因滅失得受賠償或其他利益者，不在此限」，依此規定，抵押物

❻❷　八十七年臺上字第九六九號判決。

❻❸　八十九年臺上字第一四七六號判決。

❻❹　八十七年臺上字第七二七號判決。

滅失，抵押人因此受有賠償金或其他利益時，抵押權並不消滅，而是移存於該賠償金或其他利益上，這是物權不因標的物滅失而消滅之例外，此時抵押權人仍可就賠償金或其他利益實行抵押權，是謂之抵押權之物上代位，已在抵押權標的物之範圍中有所說明，於此不再重述。

四、抵押權之實行

抵押權人已實行其抵押權者，無論其債權是否全部受清償，抵押權均歸消滅。而所謂「抵押權之實行」，凡抵押權人就抵押物受清償者皆屬之。因此，不僅抵押權人依強制執行法聲請查封拍賣抵押物，是抵押權之實行，即使是以拍賣以外之方法就抵押物受清償者，亦是抵押權之實行。不論抵押物是經拍賣或變賣或是以之代為清償，抵押權只要一經實行，一律歸於消滅。

就抵押物之拍賣言，學說及實務上皆認為，不僅抵押權人自行聲請查封拍賣抵押物，會使抵押權消滅，縱然是由其他債權人對抵押之不動產聲請強制執行，抵押權人對之聲明參與分配，亦為抵押權之實行，抵押權亦會因此而消滅。換言之，抵押物一經拍賣，該抵押物上之抵押權皆因此而消滅。強制執行法第九十八條第三項對此即有明文規定：「存於不動產上之抵押權及其他優先受償權，因拍賣而消滅」。擔保物權法修正時，為配合強制執行法第九十八條之規定，增訂第八百七十三條之二，於該條第一項中明定：「抵押權人實行抵押權者，該不動產上之抵押權，因抵押物之拍賣而消滅。」以資明確。

抵押權人依第八百七十三條規定實行抵押權時，存於該抵押物上之其他抵押權所擔保之債權，可能有未屆清償期者，此時如果不令該債權於抵押物拍賣得受清償之範圍內視為到期，將使抵押權人、執行債權人及債務人等之法律關係複雜，而且無法貫徹第八百七十三條之二第一項規定之原則，為使得抵押物之拍賣及其價金之分配易於實施，第八百七十三條之二，於第二項增訂下列規定：「前項情形，抵押權所擔保之債權有未屆清償期者，於抵押物拍賣得受清償之範圍內，視為到期」。

　　拍賣之不動產上存在之抵押權，原則上因拍賣而消滅，但是拍定人或承受人聲明承受抵押權及其所擔保之未到期或未定期之債務，經抵押權人同意者，對當事人及拍定人皆屬有利，故參照強制執行法第九十八條第三項之規定，於第八百七十三條之二增訂第三項規定：「抵押權所擔保之債權未定清償期或清償期尚未屆至，而拍定人或承受抵押物之債權人聲明願在拍定或承受之抵押物價額範圍內清償債務，經抵押權人同意者，不適用前二項之規定」。本項規定所稱之「拍定人」，是指依強制執行程序拍定抵押物之人，所稱之「承受抵押物之債權人」，是指依強制執行程序拍賣抵押物，因無人應買或應買人所出之最高價未達拍賣最低價額，依強制執行法第九十一條第一項、第七十一條等規定承受抵押物之債權人❻。

　　抵押權消滅後，抵押權人即負有塗銷抵押權登記之義務，此為當然之理，法律無須為明文規定。另一方面，身為物權關係當事人之抵押人當然可以請求抵押權人塗銷抵押權之登記，除此之外，抵押人為抵押物之所有人，自亦得依據第七百六十七條規定，請求塗銷抵押權登記，以排除其妨害。

 # 第四節　參考案例

 案例1

　　甲於九十年一月一日以所有之Ａ屋設定抵押權給乙之前，已將該屋出租於丙，租期兩年，於九十年十二月三十一日屆滿，但是甲丙之租賃屆滿時，承租人丙未返還Ａ屋仍繼續居住其內，甲因財務陷入困境，不僅未請求丙返還房屋，仍繼續收取丙之租金，並放縱丙任意不當使用Ａ屋，致Ａ屋價值減少二十萬。問：抵押權人乙有無救濟之方法？

---

❻　參閱民法物權編修正條文說明四。

一、A屋價值因丙任意不當使用致減少二十萬，乙為保全其抵押權，有下列兩個方法可資利用：

(1)為防止抵押物價值繼續減少時：第八百七十一條第一項規定：「抵押人之行為，足使抵押物之價值減少者，抵押權人得請求停止其行為，如有急迫之情事，抵押權人得自為必要之保全處分。」是抵押權人之抵押物價值減少之防止權。依據此規定，抵押權人為防止抵押物之價值減少，有兩種權利可主張，一是停止抵押人行為之請求權，另一是自為必要之保全處分權。

本案中，A屋價值之減少是因抵押人甲放縱丙之故，乙應可以依上述規定請求甲停止其之放縱，要求丙返還A屋。如果甲不制止丙之行為並要求返還A屋，或急迫時，乙可以自為必要之保全處分，即代位抵押人甲，向丙表示反對其繼續使用A屋。

(2)就已減少之抵押物價值：依據第八百七十二條第一項之規定，抵押物之價值，如果是因可歸責於抵押人之事由減少時，抵押權人可定相當期限，請求抵押人回復抵押物之原狀，或提出與減少價額相當之擔保；抵押物之價值，如果是因非可歸責於抵押人之事由減少時，抵押權人，僅於抵押人因此所受利益之限度內，請求提出擔保。

A屋價值減少二十萬，是因抵押人甲放縱丙所致，抵押物之價值是因可歸責於抵押人之事由而減少，因此抵押權人乙可以定相當之期限請求甲回復A屋之原狀，如果甲不回復A屋之原狀或無法回復A屋原狀時，甲需提出相當於二十萬之擔保。

二、乙可否對丙主張侵權行為損害賠償？

乙之抵押物因丙不當使用致價值減少，其之抵押權必然因此而受影響，抵押權為財產權，於受到他人故意或過失之不法侵害時，抵押權人應可依據民法第一百八十四條第一項前段之規定，請求加害人負損害賠償責任。丙不當使用A屋之行為，已具備侵權行為之要件，乙可向丙請求所受到之

損害的賠償。

　　債務人甲以所有之 A 地供債權人乙設定抵押權後，讓與抵押之 A 地予丙並辦理移轉登記。丙於取得 A 地所有權後，於其上建造 B 屋且辦理保存登記完畢。債權人乙於實行抵押權時，問：⑴可否對 A 地聲請強制執行？⑵可否請求同時將 B 屋併付拍賣？

　　⑴本案例首先要解決之問題為：甲讓與 A 地予丙後，乙對 A 地之抵押權是否受到影響？

　　物權是權利人直接支配其標的物之權利，為權利人與標的物間之法律關係，非權利人與標的物所有人間之法律關係。因此，抵押權設定後，抵押物所有人縱然將抵押物讓與他人，抵押權仍然不受影響（第八百六十七條）。基於此原則，甲於設定抵押權後，再將抵押之土地讓與予丙，乙之抵押權當然不會因此而受影響，仍然存在於丙之 A 地上，可對 A 地實行抵押權，聲請查封拍賣。

　　⑵有問題的是，乙僅對 A 地有抵押權，而該抵押權之效力並不及於 B 屋，無法於強制執行 A 地時，同時查封拍賣 B 屋。如此一來，會使得 A 地陷入無人應買之困境，或者 A 地賣出後，B 屋卻可能面臨拆除之命運，對乙及丙皆屬不利。解決此困境唯一之方法，是依據第八百七十七條第一項之規定，允許抵押權人於必要時，可於強制執行程序中聲請法院將建築物與土地併付拍賣，但抵押權人對建築物所賣得之價金無優先受清償之權，事所當然。因此，乙於實行抵押權時，若有必要，應該可以將 B 屋與 A 地併付拍賣，但只能就 A 地賣得之價金優先受清償，B 屋賣得之價金應歸還於其所有人丙。

案例3

　　甲建造於自有 A 地上之 B 屋，設計高雅，使用高級建材，價值頗高，因此甲之債權人乙同意僅以 B 屋擔保甲之一千萬債務。債權清償期屆至時，甲未清償債務，乙即向法院聲請對抵押物強制執行，B 屋由丙拍定。現今丙雖取得 B 屋之所有權，問：(1)甲可否以丙之 B 屋無權占有 A 地為由，要求丙拆屋還地？(2)如果丙於取得 B 屋所有權後兩年，B 屋因地震而震毀，則丙可否再於 A 地上重新建造一棟房屋？

 解析 --

　　(1)甲之主張是否有理，在於丙是否可於 A 地上取得法定地上權。如果丙對 A 地有法定地上權，則甲無理由請求丙拆屋還地。依據民法第八百七十六條之規定，丙欲取得法定地上權須具備下列要件：(1)須土地及其土地上建築物原屬於同一人所有。(2)須依拍賣而實行抵押權。(3)須拍賣結果致土地與建築物各異其所有人。B 屋及 A 地同屬於甲所有，而甲僅以 B 屋設定抵押權，待 B 屋由丙拍定後，A 地與 B 屋之所有權各異其人，此等事實皆符合上述之要件，故丙對 A 地有法定地上權，當然有權占有 A 地，甲無理由請求丙拆屋還地。

　　(2)丙可否再於 A 地上重新建造一棟房屋，需依丙之法定地上權是否已經消滅而定。若認為 B 屋因地震而滅失，法定地上權也應隨之消滅，則丙不能於 A 地上重新建造一棟房屋，事為當然，反之，如果法定地上權不因其上之建築物滅失而消滅，丙當然可再於 A 地上重新建造一棟房屋。法定地上權之存續期間，有學者主張，可依照約定地上權之辦法決定之[66]。但是判例認為，民法第八百七十六條第一項規定之法定地上權，係為維護土

---

[66]　鄭玉波，《民法物權》，第二八七頁。

地上建築物之存在而設，則於該建築物滅失時，其法定地上權即應隨之消滅，此與民法第八百三十二條所定之地上權，得以約定其存續期限，於約定之地上權存續期限未屆至前，縱地上之工作物或竹木滅失，依同法第八百四十一條其地上權仍不因而消滅者不同[67]。

上述爭議，於擔保物權法修正後，已不存在。依據修正之第八百七十六條第一項規定，法定地上權之地租、期間及範圍由當事人協議定之，如不能協議時，得聲請法院以判決決定之。基於此項規定，丙與甲如有地上權存續期間之約定，B 屋於該存續期間未屆滿前震毀，地上權並不會因此消滅，丙可於 A 地上再建造房屋，否則存續期間已屆滿，地上權既已消滅，丙當然無權再使用 A 地。

甲以自有之山坡地 A 地設定抵押權，向乙借貸一百萬。抵押權設定登記後，因豪雨及地震造成水土破壞，致 A 地價值減損幾近於零，經過專家之評估，乙認清楚要以 A 地清償自己之債權是不可能之事實後，決定放棄 A 地之抵押權，因此以一存證信函通知甲，其保留債權拋棄抵押權之決心。甲乙都認為乙已表明拋棄抵押權之意思，抵押權已消滅，未再至地政機關作任何查詢或確認。甲過世後，其繼承人丙丁辦理繼承登記時，發現 A 地上仍登記有乙之抵押權。
問：乙之抵押權究竟消滅與否？

抵押權之拋棄，是抵押權人為消滅抵押權，而為放棄其抵押權之意思表示。抵押權是財產權，權利人當然可以自由拋棄。抵押權人拋棄抵押權時，不僅需以意思表示向抵押人為之，依據民法第七百五十八條規定，尚須辦理抵押權塗銷登記，才生拋棄之效力。換言之，塗銷登記是抵押權拋

[67] 八十五年臺上字第四四七號判例。

棄之生效要件。

　　此案例中，乙雖有拋棄抵押權之意思表示，但是未經辦理塗銷登記，無法發生拋棄之效力，抵押權當然還未消滅。丙丁應請求乙至地政機關辦理抵押權塗銷登記，以使抵押權之拋棄生效，而令抵押權消滅。

案例5

　　甲於九十年一月向乙借貸二百萬元，約定九十三年十二月清償，並以所有之Ａ地設定抵押權為擔保。甲再於九十年六月向丙借得五十萬元，約定九十三年十二月清償。事隔半年，甲於九十一年二月向丁借用一百萬，約定九十四年十二月清償，並以Ａ地設定抵押權為擔保。同時甲又向庚借貸一百萬元，亦約定九十四年十二月清償，並再以Ａ地設定抵押權為擔保。丁及庚之抵押權同時於九十一年三月一日完成登記。九十三年十二月屆至，甲未清償對乙及丙所積欠之債務，丙遂向法院聲請查封拍賣Ａ地。問：⑴乙丁庚可否聲明參與分配？⑵如果拍賣所得價金為三百五十萬，執行法院應如何分配拍賣價金？⑶乙丁庚可否不實行抵押權，對債務人其他財產求償？

解析

　　⑴抵押物之強制執行無論是由普通債權人或抵押權人所聲請，就該抵押物有抵押權之其他債權人當然也可以聲明參與分配。聲明參與分配如同抵押權之實行，聲明參與分配者本應具備實行抵押權之要件始得為之，即須於債權屆期未受清償時才能向執行法院聲請，但是強制執行法第三十四條第二項規定，對於執行標的物有擔保物權之債權人，不問其債權已否屆清償期，應提出其權利證明文件，聲明參與分配，換言之，即使債權尚未屆清償期，抵押權人仍可聲明參與分配。所以，案例中乙之債權已屆清償期卻未獲清償，乙可以聲明參與分配，自不待言，縱然丁及庚之債權清償期尚未屆至，依強制執行法第三十四條第二項規定，仍然可以聲明參與

分配。

　　但是擔保物權法修正後，依據新增訂之第八百七十三條之二第二項規定，抵押權所擔保之債權未屆清償期者，於抵押物拍賣得受清償之範圍內，視為到期，因此，債權未屆清償期之抵押權人於抵押物拍賣時，當然也可聲明參與分配，但抵押權人受分配後未受拍賣價金清償之剩餘債權，其清償期仍未屆至，債權人不得向債務人請求清償，需待清償期屆至後再向債務人請求清償。

　　⑵本案例中，唯有丙為普通債權人，其他之債權人，乙丁及庚皆是有擔保物權之債權人，以抵押權人應優先於普通債權人受清償之原則言，普通債權人受清償之次序應於所有抵押權人之後，也就是說，抵押物賣得價金須先分配給抵押權人，即須先分配給乙丁及庚等三人，如尚有剩餘，普通債權人丙才能受分配。於抵押物拍賣所得須先清償抵押債權之情形下，首先要解決之問題為：抵押物賣得之價金應如何分配給乙丁庚等抵押權人。

　　於同一不動產上存有數抵押權時，抵押物賣得之價金，依據民法第八百七十四條之規定，按各抵押權成立之次序分配之，其次序相同者，依債權額之比例分配之。乙為第一順位抵押權人，得優先於其他抵押權人受清償，可先領取二百萬，丁與庚同時完成其抵押權之登記，故同為第二順位之抵押權人，應按其債權額之比例受分配，因此丁與庚各可得七十五萬元，而其未受清償之二十五萬的債權成為普通債權，且其清償期為九十四年十二月，丁及庚須等到九十四年十二月以後才能向債務人甲請求清償。

　　拍賣價金如上述之分配後，毫無所剩，普通債權人丙無法得到分配，只能再就債務人之其他財產聲請強制執行。

　　⑶抵押權人可否不實行抵押權，而直接對債務人之一般財產為強制執行？抵押權人當然可以就抵押物優先受償，但抵押權之實行與否為抵押權人之權利，而非義務，因此債權人如果不願實行抵押權，要求從債務人之其他財產受清償，債務人也不能拒絕❻。本案例中，乙丁及庚等抵押權人，

---

❻　十九年上字第七四六號判例；鄭玉波，《民法物權》，第二七八頁；史尚寬，《物
　　權法論》，第二六五頁。但有反對說，參閱楊與齡，《實例研究民法物權》，

如果不實行抵押權，而對債務人甲之其他財產聲請強制執行，當然亦為法之所許。

案例6

　　甲積欠乙五百萬元，以其所有之房屋設定抵押權予乙，約定於九十七年十月一日清償，並約定如果到期不履行，甲願將抵押房屋所有權移轉於乙。債權清償期屆至，甲未能清償債務，乙即依照先前兩人之約定，請求甲讓與抵押物之所有權並辦理移轉登記，但是此時該房屋價值八百萬元，如果讓與其所有權於乙，甲將遭受極大損失，因此甲以先前兩人之約定違法為由拒絕乙之請求。問：甲之拒絕有法律上根據嗎？

 解析 --

　　債權已屆清償期，債務人不清償其債務，抵押權人即可實行抵押權，實行之方法，除了強制查封拍賣抵押物外，也可以抵押物代替清償債務。因此抵押物所有人與抵押權人約定以抵押物所有權之讓與代替債務之清償，並無不可。有問題的是，此項約定可否於債權清償期屆至前為之。如果可以，債權人可利用債務人急需金錢借貸之機會，要求債務人以高價之物，供小額借貸之擔保，而於其後取得高價抵押物之所有權獲取不當之利益，因此原第八百七十三條第二項規定明文禁止「以抵押物所有權代替債務清償」之預約，認為抵押物代償債權之約定僅能於債權清償期屆滿後才能訂定，否則無效。

　　擔保物權法修正後，刪除原第八百七十三條第二項規定，改採流抵契約自由原則，認為債權清償期屆至前所訂立之流抵契約亦為有效。據此，甲和乙於債權清償期屆至前，所約定之「以抵押物所有權移轉代替清償債

務」之條款，當然有效，甲無理由拒絕移轉抵押房屋之所有權。

但是抵押權人請求讓與抵押物之所有權時，抵押物之價值超過擔保債權額，如果不令抵押權人返還超過部分之價額於抵押人，抵押權人將因此而不當得利，顯然不公平。所以，依據第八百七十三條之一第二項規定，乙於請求甲移轉抵押房屋之所有權時，應將超過擔保債權部分，即三百萬元返還給甲。

　　　甲以自有之Ａ地及其上之Ｂ屋設定抵押權，向乙借貸一千萬，約定九十三年十二月三十一日清償。抵押權設定登記後，Ｂ屋因地震而受損致難以繼續居住，甲因此全部拆除於原地上再建造一坪數相同、樓層相同之Ｃ屋。九十三年十二月三十一日時，甲未清償一千萬之債務，乙實行抵押權，以Ｃ屋為Ｂ屋之替代物為由，聲請對Ａ地及Ｃ屋同時查封拍賣。問：執行法院可否准許？

　　抵押權與一般物權相同，皆因標的物滅失而消滅，因此第八百八十一條規定：「抵押權除法律另有規定外，因抵押物滅失而消滅」。Ｂ屋既已拆毀，乙對Ｂ屋之抵押權當然因此而消滅。雖說Ｃ屋是於Ｂ屋之原基地上所建造之坪數相同、樓層相同之建築物，但非Ｂ屋之代位物，而是另一所有權之標的物，不得適用第八百八十一條第一項但書有關抵押物代位物之規定。乙主張Ｃ屋為Ｂ屋之替代物，為抵押權效力之所及，於法無據。

　　乙之抵押權於Ｂ屋滅失後僅存於Ａ地，只能聲請查封拍賣Ａ地，不能同時查封拍賣Ｃ屋。如此一來，可能使得Ａ地無法拍定，此時抵押權人乙可否援引第八百七十七條第一項之規定，請求執行法院將Ｃ屋與Ａ地併付拍賣？Ｃ屋是其基地Ａ地設定抵押權後所建造，符合第八百七十七條第一

項之規定，乙當然可依據該條規定，請求將 C 屋併付拍賣，但乙就 C 屋賣得之價金毫無權利可言。

案例8

　　甲提供自己所有之 A 地先設定抵押權給乙，擔保甲向乙所借貸之五百萬元債權，約定九十六年十月一日清償，其後甲再以 A 地設定抵押權，向丙借貸二百萬元，約定九十七年一月一日清償。乙於債權清償期屆至向甲請求清償未有結果後，向法院聲請查封拍賣 A 地，丙知情後向法院聲明參與分配拍賣所得之價金。A 地拍賣所得之價金為四百五十萬，全數分配給乙。問：⑴乙之抵押權消滅否？⑵丙之抵押權消滅否？

　　⑴抵押權一經實行立即消滅，無論抵押權人之債權是否全部獲得清償。換言之，抵押物只要一經法院依強制執行法查封拍賣後，抵押權即消滅，即使抵押權所擔保之債權未獲全部清償，抵押權仍然消滅，而未獲清償之剩餘債權成為無擔保之普通債權。因此，A 地拍賣所得之價金雖然無法清償全部之債權，但是抵押權仍然因抵押物拍賣而消滅，乙剩餘未獲清償之五十萬債權變成無擔保之普通債權。

　　⑵依據第八百七十三條之二第一項之規定，抵押權因抵押物拍賣而消滅，強制執行法第九十八條亦規定，存於不動產上之抵押權及其他優先受償權，因拍賣而消滅。因此丙之抵押權，因抵押標的物 A 地拍賣而消滅，縱使丙完全未受到拍賣價金之分配，丙之抵押權仍然消滅，擔保債權因此成為普通債權。

第 **5** 章

特殊抵押權

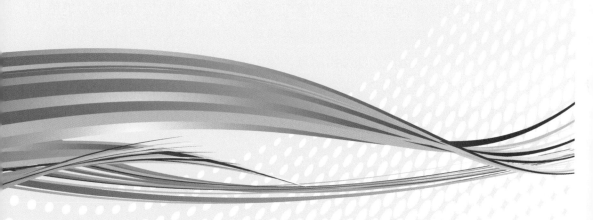

第一節　共同抵押權

一、共同抵押權之意義

為擔保同一債權而於數個不動產上設定抵押權者，為「共同抵押權」，或稱之為「總括抵押權」❶。但是此數個不動產並非其本身集合而成為一物，此點與財團抵押不同，而是於擔保同一債權之目的上，互相結合，有如連帶債務，故又稱為連帶抵押權或物上連帶❷。但是共同抵押權與連帶債務不同者為：連帶債務是人的連帶，屬於一種債之關係，而共同抵押則是物的連帶，屬於一種物權關係（抵押不動產之所有人，不必為債務人）。因此共同抵押權不得準用連帶債務之規定。

於社會交易中，債權是否能夠獲得清償，除須視債務人之意願外，尚因債務人具否清償能力而有不同，為使得債權受清償之不確定性能獲得保障，故有擔保物權制度之創設，其中抵押權制，為公認最能保障債權受清償之可能性。但是抵押物之滅失或價值之滑落仍為難以避免之風險，欲分散此風險，共同抵押權是一最佳之選擇，尤其是我國民法將建築物視為獨立所有權客體，單以土地設定抵押權而未及於其上之建築物，可能因為單獨拍賣土地難以拍定，而使得抵押權擔保債權之功用無法發揮。因此以土地及其上之建築物設定抵押權共同擔保同一債權之案例，於實務上不勝枚舉。

共同抵押權制度之制定，不僅可以分散抵押物滅失或其價值減少之風險，也因此使得債務人籌措資金更為便利，因為債務人如果僅以自己所有之單一不動產，可能無法獲得融資，但如果可設定共同抵押權，則債務人可藉由集合自己或第三人所有之小價格或已設有若干負擔之數個不動產，獲得融資或更多之資金。

---

❶ 姚瑞光，《民法物權論》，第二六三頁。

❷ 鄭玉波，《民法物權》，第三○九頁；史尚寬，《物權法論》，第二八六頁；黃右昌，《民法物權詮解》，第二八九頁。

二、共同抵押權之性質

共同抵押權是在數個不動產上所成立之抵押權，但其所擔保者卻為單一之債權，則其性質究為單一之抵押權？或為複數抵押權？學者之見解莫衷一是：

㈠單一抵押權說

此說認為，共同抵押權之標的物，雖為數個不動產，但其抵押權只有一個，是為多物一權，乃一物一權主義之例外❸。德國民法第一千一百三十二條是有關共同抵押權之規定，其通說認為共同抵押權是單一之抵押權，非複數抵押權❹，我國民法第八百七十五條之規定既是參考德國立法例而制定，當然應作相同解釋❺。

㈡複數抵押權說

此說認為，共同抵押權與以財團為一體設定一個抵押權之財團抵押不同，而是按標的物之個數，成立複數抵押權❻。

㈢折衷說

此說認為，共同抵押權之特徵，在於債權人得就數個抵押物之賣得價金，受債權全部或一部之清償，亦即其如何受償，有自由選擇之權，有如連帶債務之債權人，得對多數債務人中一人或數人或其全體請求全部或一部給付之情形同，因而只要具備此一特徵，則共同抵押權為單一抵押權固可，為複數抵押權亦無不可❼。

---

❸ 黃右昌，《民法物權詮解》，第二九〇頁。

❹ MuechnerKomm-Eickmann, RdNr. 6 zu §1132。

❺ 黃右昌，《民法物權詮解》，第二九〇頁。

❻ 史尚寬，《物權法論》，第二八六頁。

❼ 鄭玉波，〈共同抵押之研究〉，《法令月刊》，第三四卷，第七期，第三頁。

三、共同抵押權之成立

共同抵押權之成立，可分為創設及轉變兩種，創設之共同抵押權，是從設定時即為共同抵押權，轉變之共同抵押權是原非共同抵押權，嗣後因抵押之土地，經分割或合併而轉變者，例如第八百六十八條、土地登記規則第八十八條規定者。如果是創設的共同抵押權，則共同抵押權之成立需依當事人之契約為之。但是抵押之各個不動產不必皆屬於債務人之所有，可由債務人以外之第三人提供其中一部或全部，亦無不可。此種抵押權之設定，與其他抵押權相同，當然亦須登記。依土地登記規則第一百十二條規定：「以不屬同一登記機關管轄之數宗土地權利為共同擔保設定抵押權時，應訂立契約分別向土地之登記機關申請登記。」以為公示。

四、共同抵押權之效力

依據民法第八百七十五條至第八百七十五條之四等規定，共同抵押權之效力可分為下列三方面說明：

㈠對共同抵押人之效力

共同抵押權成立後，各抵押物就債權之清償，其內部所應分擔之金額應為如何，屬於共同抵押權對共同抵押人之效力，即為內部效力之問題。可分為兩方面說明：

1.共同抵押人內部分擔之金額

民法就共同抵押權原僅有第八百七十五條之規定，亦即僅規定抵押權人可自由選擇抵押物受清償，未涉及抵押物就債權清償之內部分擔額的問題。但是共同抵押權如未限定各個抵押物之負擔金額，由抵押權人任選其中一個或數個抵押物求償，而共同抵押人間又無求償之可能，將使得受到抵押權人求償之抵押物負擔過重，而其他未受到求償之抵押人毫無負擔，於共同抵押人間形成利益失衡之不公平現象。為求共同抵押人間之公平性，擔保物權法修正時採調整主義，增訂第八百七十五條之二，就共同抵押人

間內部分擔金額為明文之規定。

依據第八百七十五條之二之規定,各抵押物對擔保債權之內部分擔額,因下列情形而有不同:

(1)各抵押物未限定所負擔之金額時,依第八百七十五條之二第一項第一款之規定,各抵押物之內部分擔金額依各抵押物價值之比例定之。如果抵押物已拍賣,抵押物價值之計算,應以其拍定價金為準,如果抵押物尚未拍賣,就須以估價為準❽,此項估價當然是以共同抵押權人就共同抵押物已為拍賣者,其拍賣時之價值為準❾。

如果抵押物上有先次序抵押權,計算該抵押物之價值時,應先扣除先次序抵押權擔保之債權額,雖說抵押物之價值原則上為抵押物拍賣之價金,但是抵押物上如有先次序之抵押權,須先扣除其得優先受償之債權額,所剩餘者才是共同抵押權人所能支配之價值❿。如果,抵押物上有其他同次序之抵押權,亦應按照同次序抵押權擔保債權額之比例,計算其抵押物價值⓫。

(2)已限定各抵押物之負擔金額時,依第八百七十五條之二第一項第二款之規定,各抵押物之內部分擔金額依各抵押物所限定負擔金額之比例。原則上,各抵押物內部分擔金額為其限定之金額,但是各抵押物限定金額之總額超過其所擔保之債權額,應按各抵押物所限定負擔金額之比例⓬。例如甲為擔保其對乙之六百萬債務,由丙、丁、戊分別提供 A、B、C 三筆土地設定抵押權於乙,共同擔保乙之六百萬債權,且分別限定 A、B、C 三筆土地所負擔之金額為四百萬、三百萬、二百萬。則 A 地應負擔之金額為 600×(400÷900),B 地應負擔之金額為 600×(300÷900),C 地應負擔之金額為 600×(200÷900)。

---

❽ 《民法物權編研修資料匯編》(三十)(下),第六七〇頁。

❾ 謝在全,《民法物權論》(中),第六二一頁。

❿ 陳重見,《共同抵押權論》,第七〇頁。

⓫ 陳重見,《共同抵押權論》,第七五頁。

⓬ 謝在全,《民法物權論》(中),第六二一頁。

⑶僅限定部分不動產所負擔之金額時，依各抵押物所限定負擔金額與未限定負擔金額之各抵押物價值之比例（第八百七十五條之二第一項第三款）。例如甲為擔保其對乙之六百萬債務，由丙、丁、戊分別提供 A、B、C 三筆土地設定抵押權於乙，共同擔保乙之六百萬債權，且分別限定 A、B 二筆土地所負擔之金額為四百萬、二百萬，C 地則無限定金額而其價值為六百萬。A 地之內部分擔金額為 600×(400÷1200)，B 地之內部分擔金額為 600×(200÷1200)，C 地之內部分擔金額為 600×(600÷1200)。

第八百七十五條之二第二項尚規定，於計算上述第⑵及⑶種情形之各抵押物內部分擔金額時，各抵押物所限定負擔金額較抵押物價值為高者，以抵押物之價值為準。

第八百七十五條之二之規定純粹為抵押物間內部分擔額之規定，不應影響及抵押權人自由選擇權之行使。

2.共同抵押人間之求償權及承受權

共同抵押權之各抵押物依第八百七十五條之二之規定，各有其內部分擔擔保債權之金額，則於抵押權人選擇就一個或數個抵押物聲請拍賣，就其賣得價金受償之債權額，超過該抵押物內部應分擔之金額時，民法為謀抵押人與後次序抵押權人之公平，採調整主義，於第八百七十五條之四明定：「為同一債權之擔保，於數不動產上設定抵押權者，在各抵押物分別拍賣時，適用下列規定：一、經拍賣之抵押物為債務人以外之第三人所有，而抵押權人就該抵押物賣得價金受償之債權額超過其分擔額時，該抵押物所有人就超過分擔額之範圍內，得請求其餘未拍賣之其他第三人償還其供擔保抵押物應分擔之部分，並對該第三人之抵押物，以其分擔額為限，承受抵押權人之權利。但不得有害於該抵押權人之利益。二、經拍賣之抵押物為同一人所有，而抵押權人就該抵押物賣得價金受償之債權額超過其分擔額時，該抵押物之後次序抵押權人就超過分擔額之範圍內，對其餘未拍賣之同一人供擔保之抵押物，承受實行抵押權人之權利。但不得有害於該抵押權人之利益。」

從第八百七十五條之四所規定之意旨言，本條規定適用於抵押物異時

拍賣之情形。依據第八百七十五條之四第一款之規定，有求償權及承受權者，為抵押物經拍賣之共同抵押人，且其抵押物賣得價金受償之債權額超過其分擔額，求償權及承受權之相對人是抵押物未經拍賣之其他共同抵押人。求償權及承受權之範圍，是該共同抵押人超過其內部分擔額部分，且為受請求之物上保證人就其抵押物，依第八百七十五條之二規定計算之分擔額為限。例如甲為擔保對乙六百萬元之債務，由丙、丁、戊分別提供己有之 A、B、C 三筆土地設定抵押權於乙，均未限定各抵押物所負擔之金額。後來甲屆期未能清償，乙遂聲請拍賣 A、B 二地，A 地賣得價金為五百萬元，B 地賣得價金為三百萬元。依第八百七十五條之二第一項第一款及第八百七十五條之三之規定，分配其債權分擔額，A 地為三百七十五萬，即 600×[500÷(500+300)]，B 地為二百二十五萬，即 600×[300÷(500+300)]。執行法院將此金額清償乙之擔保債權後，乙當然已完全受償，但是 C 地未經拍賣，如其估得之價值為四百萬元，則其分擔額是二百萬元，即 600×[400÷(400+300+500)]，A 地分擔額是二百五十萬元，B 地是一百五十萬元，則丙、丁分別可向戊求償一百二十五萬 (375-250)，七十五萬。但是拍賣之數抵押物中如有債務人所提供者，因債務人應是清償債務之最終負責者，其所提供之抵押物拍賣所得價金應全部清償擔保債權，無內部分擔額，因此計算抵押物之分擔額時，債務人所提供者不計算在內❸。

　　基於私法自治之原則，共同抵押人間之求償權及承受權，當事人間可以契約為不同之約定而排除第八百七十五條之四第一款規定之適用❹。

(二)對抵押權人之效力

　　共同抵押權成立後對抵押權人所發生之效力，為共同抵押權之外部效力。此可從下面幾方面討論之：

1.自由選擇抵押物受清償

　　依據第八百七十五條之規定，為同一債權之擔保，於數不動產上設定

---

❸　陳重見，《共同抵押權論》，第一○一頁。

❹　民法物權編修正條文說明。

抵押權，債權人實行共同抵押權時，有完全之自由選擇權，選擇要執行何抵押物，或先執行何抵押物再執行其他抵押物，或者同時執行全部之抵押物。此謂之債權人之自由選擇權。但是如果當事人以特別約定限定各個不動產負擔之金額者，自應依其約定，而就各個不動產賣得之價金分別受該負擔額之清償。

如當事人間並無限定各個不動產負擔金額之約定時，抵押權人得就各個不動產賣得之價金，受債權全部或一部之清償。此種情形，各個不動產均擔保債權之全部，為真正之連帶抵押。例如甲對乙有一千萬之債權，於乙之 A、B 兩土地上設定抵押權，如果甲乙未有各抵押物限定金額之約定，則甲可以單就 A 地之賣價一千二百萬受其債權全部之清償，而不需再執行拍賣 B 地。甲也可以先執行 B 地，如 B 地賣得價金為六百萬，就 B 地賣價六百萬受償後，甲可再繼續執行 A 地請求剩餘之四百萬債權。或者甲也可同時執行 A、B 二地，各就其賣得價金受部分之清償。

如當事人以特別約定限定各個不動產負擔之金額者，以上述案例言，約定 A 地負擔六百萬，B 地負擔四百萬。雖然如果僅執行 A 地，即可賣得一千二百萬之價金，但甲不能於執行 A 地時直接受償一千萬，而是只能就 A 地受償六百萬，剩餘之四百萬須從執行 B 地獲得滿足。之所以如此，是因為甲乙間既有特別之約定，自應踐行，否則將影響後次序抵押權人之權利❶。此種限定各個不動產負擔金額之抵押權，嚴格言之，已非真正之共同抵押權，因為此種情形各個不動產對於同一債權之擔保，係分別負責，而與「可分債務」之情形相類似，並無連帶關係。

2.就債務人所提供之抵押物優先受清償

依據新增訂之第八百七十五條之一之規定，為同一債權之擔保，於數不動產上設定抵押權，抵押物全部或部分同時拍賣時，拍賣之抵押物中有為債務人所有者，抵押權人應先就該抵押物賣得之價金受償。此謂之為債務人優先負擔主義，認為債務人應是終局負擔全部債務者，如果數抵押物同時拍賣時，理應先就債務人所提供之抵押物優先受清償，以避免物上保

---

❶　鄭玉波，《民法物權》，第三二○頁。

證人之求償問題。但這是數抵押物同時拍賣時，才能適用債務人優先負擔之規定，物上保證人無權利據此規定，要求抵押權人須優先拍賣債務人之抵押物❶。

抵押權人與抵押人於設定抵押權時，雖已有限定各別抵押物應負擔之金額者，但是只要數抵押物同時拍賣，而其中有屬於債務人者，抵押權人依據第八百七十五條之一之規定，仍須就債務人之抵押物賣得價金優先受清償。因為從法條之文義言，該條既未明文規定需未限定各個不動產所負擔之金額時始有適用，因此如已限定各個抵押物之負擔金額時，仍有第八百七十五條之一之適用❷。

3.以抵押物價額比例定其分配清償債權之金額

共同抵押權之抵押權人請求就二以上（包含全部或部分）之抵押物同時拍賣，如其賣得之價金總額超過所擔保之債權總額時，於不影響抵押權人之受償利益下，各抵押物賣得之價金，應如何分配，以清償抵押權人之債權，攸關共同抵押人等之權益。為期減少求償或承受問題並利實務運作，宜就該等經拍賣之各抵押物對債權分擔金額之計算方法，予以明定，故增訂第八百七十五條之三之規定。

第八百七十五條之三規定：「為同一債權之擔保，於數不動產上設定抵押權者，在抵押物全部或部分同時拍賣，而其賣得價金超過所擔保之債權額時，經拍賣之各抵押物對債權分擔金額之計算，準用前條之規定。」

據此規定，共同抵押權人與抵押人未有限定各個抵押物負擔金額時，各抵押物就其賣得之價金，應依第八百七十五條之二規定之分擔額，分配擔保債權之清償，亦即依據第八百七十五條之二第一項第一款規定，依各抵押物價值之比例，定其分配清償債權之金額。例如甲對乙負有六百萬之債務，由丙、丁、戊分別提供 A、B、C 三筆土地設定抵押權於乙，共同擔

---

❶ 規定抵押物同時拍賣時債務人之抵押物才優先負擔清償之責任,而抵押物異時拍賣時債務人不須優先負擔,未貫徹債務人應終局負擔清償債務責任之意旨。

❷ 民法物權編修正條文說明亦指出：本條之適用,不限於未限定各個不動產所擔之金額者,其已限定者,亦同。

保前述債權，均未限定各個不動產所負擔之金額，甲逾期未能清償，乙遂聲請對 A、B 二地同時拍賣，A 地拍賣所得價金為五百萬，B 地拍賣所得價金為三百萬，準用第八百七十五條之二第一項第一款規定計算 A、B 二地對債權之分擔金額，A 地為三百七十五萬 [600×500÷(500+300)]，B 地對債權之分擔金額為二百二十五萬 [600×300÷(500+300)]。執行法院應按上述分配之金額，清償抵押權人擔保債權，抵押權人對此並無指定或選擇之權，如此一來，雖限制抵押權人自由選擇權，然對其並無不利，不會妨礙其自由選擇權之保障[18]。但是 A、B、C 三筆土地分別限定其所負擔金額為三百萬、二百萬、一百萬，乙聲請對 A、B 二地同時拍賣時，A 地拍賣所得價金為五百萬，B 地拍賣所得價金為三百萬，準用第八百七十五條之二第一項第二款規定計算該二地對債權分擔之金額，則 A 地對債權之分擔金額為三百萬，B 地對債權之分擔金額為二百萬[19]。

(三)對後次序抵押權人之效力

依據第八百七十五條之四第二款之規定，如經拍賣之抵押物為同一人所提供，共同抵押權人就該抵押物賣得價金受償之債權額超過其分擔額時，該抵押物之後次序抵押權人就超過分擔額之範圍內，對同一人所提供之其他未拍賣之抵押物，承受實行抵押權人之權利。據此規定，就上述(一) 2.中之案例言，如果 A、B、C 土地均為甲所有，A 地除乙之第一次序共同抵押權外，尚有庚之第二次序抵押權，擔保債權額為一百萬。若乙僅聲請拍賣 A、B 兩抵押物，乙就其賣得價金受償之結果，A 地超過分擔額為一百二十五萬元，庚即得以此一百二十五萬元為範圍，就甲之 C 地行使承受權。

因本款之規定，使得抵押權人對債務人之債權及抵押權，於後次序抵押權人得承受之範圍內，當然移轉於後次序抵押權人，即發生法定移轉之效果。但是後次序抵押權人行使此項權利，不得有害於抵押權人之權利。承受權是為確保求償權而設置，因此承受權之存在原則上應以有求償權為

---

[18] 此謂之「價額比例分擔主義」，謝在全，《民法物權論》(中)，第六二四頁。

[19] 民法物權編修正條文說明。

前提，但本款規定之承受權人（後次序抵押權人），對同一抵押人之其他抵押物，無求償權可言，故本款承受權之規定，純為保護共同抵押物之後次序抵押權人之利益而設，是特別規定❷。

五、共同抵押權之消滅

關於共同抵押權之消滅問題，民法別無規定，自然與普通抵押權同，但是有一點應予特別說明者，即共同抵押權人如就任何一抵押不動產之賣價，受債權全部之清償時，存在於其他不動產上之抵押權，會因目的達到而隨之消滅，此乃連帶抵押權性質上應有之解釋。

 第二節　權利抵押權

一、權利抵押權之意義

權利抵押權，依法律規定，以所有權以外之不動產物權或準物權為標的物之抵押權。普通抵押權係以「物」為標的物，而權利抵押權則係以「權利」為標的物，此乃權利抵押權之特徵，因此權利抵押權應屬於一種特殊之抵押權。權利抵押權既然是以權利為標的物，究竟那些權利才能為其標的物？可以從兩方面來探討。

首先就權利之性質言，抵押權是財產權，身分權不得為其標的物，事所當然。抵押權亦是物權，因此債權亦不得為其標的物。故得為權利抵押權標的物之權利，應以物權及準物權為限。而物權又應限於所有權外之不動產物權，因為普通抵押權是以不動產為標的物，如果權利抵押權也以不動產所有權為標的物，則權利抵押權與普通抵押權並無不同，即無須特別規定，因此權利抵押權之標的物，只能求之於所有權以外之其他不動產物權。

抵押權無法單獨讓與，當然不得為抵押權之標的物❷。至於地役權雖

---

❷　陳重見，《共同抵押權論》，第一八一頁。

❷　史尚寬，《物權法論》，第二九七頁。

亦為不動產物權，但不能單獨為抵押權之標的物，只能為其需役地抵押權效力之所及❷。

　　再者就權利之種類言，得為權利抵押權標的物者，依民法第八百八十二條之規定，應是地上權、永佃權及典權等。地上權、永佃權及典權皆是不動產物權，且不似地役權及抵押權不能單獨讓與，因此可為抵押權之標的物。

　　除民法之規定外，依礦業法第十條第二項規定，探礦權不得為抵押權之標的物，但採礦權得為抵押權之標的物。而漁業法第二條中也規定，漁業權得為抵押權之標的物。採礦權及漁業權為準物權，以之為標的物設定之抵押權，亦為權利抵押權之一種。

　　至於水權，依水利法第十五條之規定，是對於地面水或地下水取得使用或收益之權利，是否得為抵押權之標的物，亦即是否可以對之設定抵押權？法無明文規定，似可委諸解釋，但我民法係採取「物權法定主義」，而水利法就水權可否設定抵押權一節既無規定，自應解釋為不得設定也❸。

　　綜合上述所言，可為權利抵押權之標的物者，僅有地上權、永佃權、典權、採礦權及漁業權等，除此以外之其他權利，不論其性質是否為財產權，基於物權法定主義，皆不得以之為抵押權之標的物而設定權利抵押權。

二、權利抵押權之成立

　　以地上權、永佃權或典權為標的之抵押權，其成立法律上並無特別規定，應準用普通抵押權之規定，是民法第八百八十三條之規定，因此權利抵押權之成立，需當事人以書面契約為設定之行為，且經辦理登記後生效。此種登記與普通抵押權同，皆應向地政機關為之。

　　如果是以採礦權為標的物之抵押權，其成立除當事人間之設定行為及向地政機關登記外，依礦業法第十四條第二項第三款之規定，非經主管機關（經濟部）登記，不生效力。

---

❷　鄭玉波，《民法物權》，第二九八頁。

❸　同上註

至於以漁業權為標的物之抵押權，其成立則依漁業法第二十五條第一項之規定，非經主管機關核准不得設定抵押外，別無其他特別規定，因此亦應準用民法物權編抵押權章之規定，自不待言。

三、權利抵押權之效力

　　以地上權、永佃權或典權為標的物之抵押權，依新修正之第八百八十三條規定，其效力應準用普通抵押權及最高限額抵押權之規定。因此舉凡抵押權所擔保之範圍、抵押權標的物之範圍、抵押權之實行及抵押權人之權利等，皆適用普通抵押權之規定。

　　以採礦權為標的物之抵押權，其之效力，原則上亦應準用民法普通抵押權之規定，但是礦業法中有特別規定：「抵押權設定後，採礦權者向主管機關辦理礦區廢業、分割、合併、減少、增加或調整時，須檢附抵押權者之同意書」（礦業法第四十一條），因為礦區之合併、分割等會影響及以採礦權為標的物之抵押權，當然需經抵押權人之同意。

　　至於以漁業權為標的物之抵押權，其之效力，漁業法僅就其標的物之範圍，設一特別規定，即該法第二十五條第三項：「設定抵押者，其定著於該漁場之工作物，除契約別有訂定外，視為附屬於抵押權設定標的。」之規定，除此之外別無其他規定，當然亦應準用民法普通抵押權之規定。

四、權利抵押權之消滅

　　權利抵押權消滅之原因，與普通抵押權消滅之原因相同，因標的物滅失❷、抵押權實行而消滅。但是抵押權之標的物為地上權、永佃權、典權者，各該權利人於設定抵押權後，拋棄其權利，因害及抵押權人之利益，如未經抵押權人之同意，對於抵押權人不生效力。亦即抵押權不因地上權人、永佃權人、典權人拋棄其權利而消滅。

　　於以採礦權為標的物之抵押權當然亦因標的物滅失或抵押權之實行而

---

❷ 為權利抵押權標的物之地上權、典權或其他物權，若因存續期限屆滿等原因而消滅，權利抵押權當然隨之消滅。

消滅，亦即採礦權經主管機關撤銷或廢止或因期滿而消滅，抵押權亦隨之消滅，但是與普通抵押權不同的是，依據礦業法第十四條之規定，以採礦權為標的物之抵押權消滅時，非經主管機關登記，不生效力。

另外主管機關對於中華民國九十二年十二月九日礦業法修正前已設定抵押權之採礦權因撤銷，廢止採礦業之核准或自行申請廢業而辦理消滅登記前，應通知抵押權者；採礦權者自提出廢業申請或自主管機關為撤銷、廢止之處分後至採礦權拍定為止，其採礦權不得行使；抵押權者受前項之通知後六十日內雖債權仍未屆清償期，仍得聲請法院拍賣其礦業權；但因該法第三十八條第二款所定有妨害公益之情形而廢止其採礦權之核准者，不得請求拍賣；主管機關應於拍定移轉變更登記時，同時將第一項採礦權為消滅之登記；第一項採礦權拍定所承受之採礦權，應自原採礦權消滅登記之日起承受之；其有效期間至原採礦權期限屆滿之日止（礦業法第四十二條）。

 ## 第三節　承攬人之抵押權

承攬人之抵押權向來稱之為法定抵押權。學說上稱「法定抵押權」者，乃是依法律規定而當然發生，無需經當事人設定之抵押權[25]。據此定義，將承攬人之抵押權直接稱之為法定抵押權者，有史尚寬氏、鄭玉波氏[26]。另有學者則以「法定抵押權是依法律規定而當然發生」為標準，認為雖然十九年施行之民法第五百十三條之承攬人抵押權為法定抵押權[27]，但是八十八年修正後之承攬人之抵押權不再屬於法定抵押權，因為法定抵押權不待登記即生效力，八十八年修正後之承攬人之抵押權需經登記，性質上為強制性之意定抵押權，因此現今屬於法定抵押權者，僅存國民住宅條例第

---

[25] 鄭玉波，《民法物權》，第二九四頁。

[26] 史尚寬，《物權法論》，第二九七頁；鄭玉波，《民法物權》，第二九四頁。

[27] 十九年施行之第五百十三條之規定：「承攬之工作為建築物或其他土地之工作物，或為此等物之重大修繕者，承攬人就承攬關係所生之債權，對於其工作所附之定作人之不動產有抵押權。」

十七條及第二十七條所規定之抵押權❷。

一、承攬人抵押權之成立

依民國八十八年修正之民法第五百十三條規定：「承攬之工作為建築物或其他土地上之工作物，或為此等工作物之重大修繕者，承攬人得就承攬關係報酬額，對於其工作所附之定作人之不動產，請求定作人為抵押權之登記；或對於將來完成之定作人之不動產，請求預為抵押權之登記。前項請求，承攬人於開始工作前亦得為之。前二項之抵押權登記，如承攬契約已經公證者，承攬人得單獨申請之。第一項及第二項就修繕報酬所登記之抵押權，於工作物因修繕所增加之價值限度內，優先於成立在先之抵押權。」則承攬人抵押權成立時須具備下列要件：

㈠須承攬之工作為建築物或土地上工作物之新造或重大修繕

承攬工作之對象，須為土地上之工作物。所謂工作物本條以建築物為例示，其他如橋梁、引水設備、隧道及紀念碑等亦均屬之。就工作物以建築物為例示而言，此項工作物應符合定著物之要件，以具獨立性為必要❷。土地上之工作物屬於不動產，因而若製造動產，如桌椅衣服等，則承攬人依民法第九百二十八條之規定有留置權，自不能適用本條。其次，承攬工作之性質，須為上述工作物之新造或重大修繕，修繕重大與否，依社會上一般通念決定之。

㈡承攬人抵押權所擔保之債權須為承攬人就承攬關係之報酬額

據此要件，承攬抵押權之主體須為承攬人，亦即必須有承攬人與定作

---

❷　謝在全，《民法物權論》（下），第一四七頁。

❷　史尚寬，《債法各論》，第三三六頁；謝在全，《民法物權論》（下），第一四九頁。

人直接關係，才能主張抵押權。本條原規定，承攬人抵押權所擔保之債權，為承攬人就承攬關係所生之債權，因此除承攬人之報酬外，尚包含因定作人不履約而生之損害賠償、承攬人因工作而墊付之費用等，其債權額不易確定，有礙交易安全。所以，八十八年修正時修正為訂立契約時以確定之「約定報酬額」為限，不包括不履行之損害賠償及其他墊款請求權，以示明確並便於登記。

(三)承攬人抵押權之標的物須為工作所附或將來完成之定作人之不動產

承攬人抵押權之標的物，須為定作人之不動產，第三人之不動產不得充之；而定作人之不動產更須為承攬工作所附者或將來完成始可，與其他不動產並無關係。所謂工作所附或將來完成之不動產，實務上認為，是指經新造或修繕或將來完成之土地上之工作物，至於該建築物或工作物之基地，因非屬承攬之工作物，自不包括在內 ❸⓪。但有謂，該條條文中既泛稱不動產，非標明工作物本身，應依民法不動產之規定，認為含有土地及房屋 ❸①。

(四)須為抵押權之登記

承攬人之抵押權依修正前第五百十三條之規定，只要符合法定要件當然成立，但也因為承攬人抵押權之發生不以登記為生效要件，實務上易致與定作人有授信往來之債權人，因不明該不動產有承攬人抵押權之存在而受不測之損害，為確保承攬人之利益並兼顧交易安全，八十八年修法時，修正為：合乎上述要件者，承攬人得請求定作人為抵押權之登記，或請求預為抵押權之登記（同條第一項後段）。自此之後，登記已成為承攬人抵押權之生效要件 ❸②。

❸⓪ 最高法院八十七年第二次民事庭會議決議。
❸① 邱聰智，《新定債法各論》（中），第九八頁。
❸② 謝在全，《民法物權論》（下），第一五三頁。有認為登記為對抗要件者，如果

又為確保承攬人之利益，承攬人於開始工作前即得請求為抵押權之登記（同條第二項）。如承攬契約已經公證者，承攬人更得單獨申請為抵押權之登記（同條第三項），因為承攬契約內容既經公證人作成公證書，則雙方當事人之法律關係自可確認，且亦足以認定定作人已有會同前往申辦登記抵押權之意思，承攬人無庸更向定作人請求。

二、承攬人抵押權之效力

修正之第八百八十三條規定：「普通抵押權及最高限額抵押權之規定，於前條抵押權及其他抵押權準用之」，本條規定所指之「其他抵押權」，含法定抵押權及以礦業權、漁業權等為標的物之抵押權或其他特殊抵押權[33]。因此承攬人抵押權之效力準用普通抵押權之規定，舉凡抵押權標的物之範圍、抵押權之實行、抵押權人之權利及抵押人之權利等應與普通抵押權無異。但是普通抵押權所擔保者為原債權、利息、遲延利息、違約金及實行抵押權之費用等，承攬人抵押權所擔保者為「承攬人之報酬額」，即以「約定報酬額」為抵押權擔保之限度，而非以「約定報酬額」為擔保對象[34]，因此遲延利息等不應屬於擔保之範圍。

於同一不動產設定有抵押權，同時又依第五百十三條之規定成立承攬人之抵押權，則意定抵押權與承攬人抵押權之順序如何，不無疑問。實務上認為無論意定抵押權及法定抵押權同時存在時，其順位應以各抵押權成立生效之先後為次序，而依八十八年修正前原第五百十三條規定所成立之承攬人抵押權，是於其所擔保之債權發生時即同時成立生效，也就是承攬人報酬債權約定時，抵押權即隨之成立生效，因此，如果承攬人抵押權成立在意定抵押權之前，其次序即在先，承攬人報酬債權成立在意定抵押權

承攬人未為抵押權登記或未預為抵押權登記，即不能對抗成立在後而已登記之意定抵押權。參閱林誠二，《民法債編各論》（中），第一二○頁；鄭玉波，《民法物權》，第二九六頁。

[33]　民法物權編修正條文說明。

[34]　林誠二，《民法債編各論》（中），第一二一頁。

之後，承攬人抵押權之次序即在後❸。八十八年修正後，承攬人抵押權亦須經登記，如果同一不動產上亦有意定抵押權之登記，則其次序當然依登記之先後決定之，不再有爭議。

承攬人抵押權及意定抵押權之次序，原則上依登記之先後決定之，例外地，承攬人就建築物或土地上工作物重大修繕之報酬所登記之抵押權，於工作物因修繕所增加之價值限度內，優先於成立在先之抵押權（第五百十三條第四項）。之所以增訂此項規定，是因為建築物或其他土地上工作物，既然因為承攬人之修繕而增加其價值，則就工作物因修繕所增加之價值限度內，因修繕報酬所成立之抵押權，當然優先於其他成立在先之抵押權，始合理公平。

三、承攬人抵押權之消滅

承攬人抵押權之消滅原因，法律別無規定，自與普通抵押權相同，故無須贅述。

第四節　參考案例

案例1

甲先將其所有之 A 地設定抵押權予乙貸得六百萬後，再將 A 地設定抵押權給丙貸得四百萬。後來甲於 A 地上建築一棟二層樓房 B 屋，造價五百萬，丙知悉後為求得自己四百萬元債權更充足之擔保，要求甲以 B 屋設定抵押權共同擔保其對丙四百萬之債權，甲允之，兩人遂到地政機關辦理抵押權設定登記，註明 B 屋亦擔保丙對甲之四百萬債權。事後甲再將 B 屋設定抵押權向丁借得二百萬。問：⑴ A 地與 B 屋是否成立共同抵押權？⑵丙如何實行其抵押權？

---

❸ 六十三年臺上字第一二四〇號判例，最高法院六十三年度第一次民事庭決議。

(1)所謂共同抵押權，依民法第八百七十五條之規定，是指數抵押物共同擔保同一債權而言。因此共同抵押權之特質乃在於擔保同一債權，亦即只要擔保同一債權，數抵押物間即成立共同抵押權，不論該數抵押物上所設定之抵押權是否同時設定，縱然先後設定之抵押權，只要其所擔保者為同一債權，仍成立共同抵押權❸。於 A 地與 B 屋上之抵押權雖然是先後設定，因為其所擔保者同為丙對甲之四百萬的借款債權，因此 A 地與 B 屋上之抵押權成立共同抵押權。

(2) A 地及 B 屋上之抵押權均未限定負擔金額，依據第八百七十五條之規定，丙可自由選擇實行抵押權之方法，是要先強制執行 A 地或 B 屋，還是要同時查封拍賣兩個抵押物，如果僅拍賣其中之一抵押物，債權人之債權即獲滿足，則另一抵押物上之抵押權當然消滅。於本案例中須注意的是，A 地與 B 屋雖成立共同抵押權，但是丙於 A 地上之抵押權的次序不會因其於 B 屋上抵押權而改變，B 屋執行時，丙可優先於丁受清償，A 地執行時，丙需待乙受清償後再受剩餘價金之分配。因此本案例中，即使兩抵押物同時強制執行，對丙亦非較為有利，因為丙仍需等待乙受清償後才能從 A 地賣得之價金受清償，對丙而言，反而是先強制執行 B 屋較為有利。但如果丙先強制執行 B 屋，B 屋上之第二順序抵押權人丁可能因此無法獲得全部之清償或任何分配，對丁而言較為不利。

各抵押物未限定負擔金額時，須依據第八百七十五條之二第一項第一款之規定，定各個抵押物內部之分擔金額，如果丙就 B 屋賣得價金受償之債權額超過其應分擔之金額時，B 屋之後次序抵押權人丁可以就超過部分，依據第八百七十五條之四第二款，對 A 地承受丙之權利。

---

❸ MuechnerKomm-Eickmann, RdNr. 15 zu §1132。

案例2

　　甲於自有之 A 地上設定地上權給乙，以供乙於該地上建築房屋。地上權設定登記完成後，乙為籌措建造房屋之資金，將 A 地之地上權設定抵押權給丙，以擔保丙對乙之一千萬元的借貸債權。抵押權設定登記完畢後，乙開始於 A 地上建造房屋，歷經一年完成 B 屋，遷入居住。後來乙於清償期屆至後，無力清償對丙之債務。問：丙可否向法院聲請拍賣 A 地之地上權及 B 屋？

解析--

　　本案例之問題有二，一為丙可否及如何實行其之抵押權，另一為丙可否聲請拍賣 B 屋。

　　乙以自己對 A 地之地上權設定抵押權給丙，丙所取得者為權利抵押權（第八百八十二條）。權利抵押權依民法第八百八十三條之規定，應準用普通抵押權之規定，因此權利抵押權人丙得準用第八百七十三條之規定，於債權已屆清償期未獲清償時，可以聲請法院拍賣 A 地之地上權，就賣得價金受清償。

　　有疑問者為，丙可否準用第八百七十七條之規定，於聲請拍賣地上權時，將 B 屋併付拍賣？從地上權及其上之建築物不得分別讓與之原則言，第八百七十七條之規定自應準用，否則如果僅許拍賣地上權而不能將其上之建築物併付拍賣，其不便情形與第八百七十七條所定之情形相較，有過之而無不及，因此當然應準用，此謂之肯定說❸。採取否定說者，則認為普通抵押權之標的物為不動產，權利抵押權之標的物為權利，兩種抵押權之標的物完全不同，因此如第八百六十三條、第八百六十六條、第八百七

---

❸　曹傑，《中國民法物權論》，第二〇八頁；倪江表，《民法物權論》，第三〇四頁。

十六條及第八百七十七條等專為不動產而設之規定，應不在準用之列❸。

肯定說及否定說各言之有理，但是如果否定第八百七十七條之準用，將造成建築物因無土地使用權而被迫拆除之命運，如此一來，將害及社會經濟，因此兩相比較，以肯定說較能解決問題❹。依據肯定說之立場，丙可準用第八百七十七條規定，聲請將 B 屋併付拍賣，但是不得就拍賣價金優先受償。

案例3

　　甲想要於自有之 A 地上建造一棟房屋，於延請知名建築師設計後，預估所需材料需花費一千萬元。為購買建屋所需材料，甲以 A 地設定最高限額抵押權向乙銀行借貸一千萬元，分二十年清償，並約定將來房屋建造完成後，須將該屋設定抵押權共同擔保一千萬元之債權。甲貸得一千萬後，開始購買建材，且由丙建築公司承攬整個建屋之工作，約定一年完工，報酬三百萬元，半年給付一次，丙考慮到此契約之報酬頗高，為求慎重遂將承攬契約付之公證。問：(1)丙有何方法可確保自己可拿到建屋之報酬？(2)甲乙間以將來建造完成之房屋設定抵押權之約定，是否為抵押權設定之物權契約？

解析--

　　(1)依據民法第五百十三條：「承攬之工作為建築物或其他土地上之工作物，或為此等工作物之重大修繕者，承攬人得就承攬關係報酬額，對於其工作所附之定作人之不動產，請求定作人為抵押權之登記；或對於將來完成之定作人之不動產，請求預為抵押權之登記」之規定，承攬人為使自己能確定收到所承攬工作之報酬，可以對於其工作所附之不動產，請求定作人為抵押權之登記，或對於將來完成之定作人之建築物，請求預為抵押權

❸　姚瑞光，《民法物權論》，第二六五頁。

❹　謝在全，《民法物權論》（下），第一九四頁。

之登記。因此，於本案例中，承攬建造房屋之丙可以請求定作人甲，對於其將來完成之房屋預為抵押權之登記，金額為三百萬元，以擔保自己之報酬請求權。

為確保承攬人之利益，第五百十三條第二項尚規定，承攬人於開始工作前即可向定作人為抵押權登記之請求，換言之，在本案例中，丙可以要求甲先與之辦理抵押權之登記，然後丙再開始工作。

但是，本案中承攬人丙不須請求甲與之一同辦理抵押權之登記，因為依據第五百十三條第三項之規定，既然甲丙之承攬契約已經公證，丙當然可以單獨向地政機關聲請抵押權之登記。

(2)甲乙間將來設定抵押權之約定，是否為抵押權設定之物權契約？可從兩方面觀察。首先就當事人之意思言，甲乙之約定是以「將來設定抵押權」為目的所為者，而非是「直接設定一抵押權於某不動產上」之合意，前者僅使甲負有設定抵押權之義務，為債權契約，後者才會發生抵押權設定之效力，為物權設定之契約❹。再就設定抵押權之標的物言，其乃甲將來可取得之不動產，而對於將來可取得之不動產不可以預先設定抵押權，因為抵押權之設定是一處分行為，非對於抵押物有處分權不得為之。因此，甲乙以將來建造完成之房屋設定抵押權之約定，非是「抵押權設定」之物權契約，而是僅有債權之預約效力而已❺。

---

❹ 王澤鑑，《民法學說與判例研究》（五），第一四三頁。

❺ 鄭玉波，《民法物權》，第二五四頁。

第 *6* 章

最高限額抵
押權

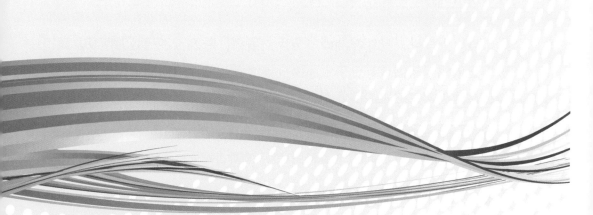

第一節　概　說

一、最高限額抵押權之意義

最高限額抵押權在德國民法第一千一百九十條有明文規定❶，法國民法第二千一百三十二條亦有類似規定，日本民法原無規定，但於昭和四十六年以法第九九號增訂於民法第三百九十八條以下，已見諸明文。

我國於民國十九年所公布之民法物權編雖無有關最高限額抵押權之規定，但實務上卻常有最高限額抵押權之設定及登記，故最高法院亦承認有此制度❷。

我國最高法院六十六年臺上字第一○九七號判例謂：「按所謂最高限額之抵押契約，係指所有人提供抵押物與債權人訂立在一定金額之限度內，擔保現在已發生及將來可能發生之債權之抵押權設定契約而言。此種抵押權所擔保之債權，除訂約時已發生之債權外，即將來發生之債權，在約定限額之範圍內，亦為抵押權之效力所及。雖抵押權存續期間內已發生之債權，因清償或其他事由而減少或消滅，原訂立之抵押契約依然有效，嗣後在存續期間內陸續發生之債權，債權人仍得對抵押物行使權利。此種抵押契約如未定存續期間，其性質與第七五四條第一項所訂就連續發生之債務為保證而未訂有期間之保證契約相似，類推適用同條規定，抵押人固得隨時通知債權人終止抵押契約，對於終止契約後發生之債務，不負擔保責任。反之，此種抵押契約定有存續期間者，訂立契約之目的顯在擔保存續期間內所發生之債權，凡在存續中所發生之債權，皆為抵押權效力所及，雖已發生之債權因清償或其他事由而減少或消滅，於存續期間屆滿前所發生之債權，債權人在約定限額範圍內，對於抵押物均享有抵押權，除債權人拋

❶ 德國民法第一千一百九十條第一項：「抵押權之設定可以限定最高之擔保金額，而保留債權額之確定。該最高限定金額需於土地登記簿登記。」之規定，是最高限額抵押權之明文規定。

❷ 六十二年臺上字第七七六號判例，六十六年臺上字第一○九七號判例。

棄其為擔保之權利外，自無許抵押人於抵押權存續期間屆滿前，任意終止此契約。縱令嗣後所擔保之債權並未發生，僅債權人不得就未發生之債權實行抵押權而已，非謂抵押人得於存續期間屆滿前終止契約而享有請求塗銷抵押權設定之權利。」

此一判例具體說明最高限額抵押權之意義、特性及其效力。依據此判例，最高法院所承認之最高限額抵押權，其意義可析述如下：(1)最高限額抵押權之擔保債權範圍，除訂約時已發生之債權外，即將來發生之債權，在約定限額之範圍內，亦為抵押權效力之所及。(2)最高限額抵押權無消滅之從屬性。(3)凡在抵押權存續期間中所發生之債權皆為抵押權效力所及。(4)定有存續期限之最高限額抵押權，於期限屆滿前，除經抵押權人拋棄其抵押權外，抵押人不得任意請求塗銷該抵押權。但當事人於最高限額抵押權存續期間中，雙方得合意終止抵押權。

民法物權編修正時，亦根據此判例而制定相關之規定。民法第八百八十一條之一規定：「稱最高限額抵押權者，謂債務人或第三人提供其不動產為擔保，就債權人對債務人一定範圍內之不特定債權，在最高限額內設定之抵押權。最高限額抵押權所擔保之債權，以由一定法律關係所生之債權或基於票據所生之權利為限。基於票據所生之權利，除本於與債務人間依前項一定法律關係取得者外，如抵押權人係於債務人已停止支付、開始清算程序、或依破產法有和解、破產之聲請或有公司重整之聲請，而仍受讓票據者，不屬最高限額抵押權所擔保之債權。但抵押權人不知其情事而受讓者，不在此限」。

依此規定，最高限額抵押權是債權人對債務人一定範圍內之不特定債權，預定一最高限額，由債務人或第三人提供不動產予以擔保之特殊抵押權❸。據此定義，最高限額抵押權之意義可分析如下：

㈠擔保不特定債權

此之不特定債權，係指最高限額抵押權所擔保之債權，自該抵押權設

---

❸　謝在全，《民法物權論》（下），第十六頁。

定時起，至確定時止，是屬不特定而言。擔保債權於最高限額抵押權設定時起至確定時止之期間內會因不斷發生或消滅而具有變動性、代替性，與普通抵押權所擔保者乃確定之債權不同❹。在此情況下，最高限額抵押權所擔保之債權雖不特定，但所擔保債權之基礎法律關係則為確定。

而最高限額抵押權擔保之債權雖以將來發生者為常，但並不排除於最高限額抵押權設定時已存在之特定債權為其擔保債權❺。

㈡擔保一定範圍內之債權

所謂「擔保一定範圍內之債權」，係指所擔保者為債權人與債務人間一定法律關係所生之債權。凡基於此種法律關係而生之債權，皆為抵押權之效力所及。反之，如非基於特定之基礎法律關係而發生之債權，即便在同一當事人間發生，亦不當然歸入所擔保債權之範圍。而依第八百八十一條之一之規定，如非基於一定法律關係所由而生之債權，須基於票據所生之權利。

但是第八百八十一條之一之規定，僅是說明最高限額抵押權所擔保之不特定債權須限於一定範圍內，且由債權人與債務人間一定法律關係所生之債權，或基於票據所生權利為限，而藉此表明於立法政策上否定概括最高限額抵押權之立場，並非因此認為最高限額抵押權之設定，須有上述一定範圍內之法律關係以為從屬❻。

實務上常因經銷契約、交互計算契約、銀行與客戶間票據契約、短期授信合約、中長期放款合約、委託保證契約等設定最高限額抵押權。即為

❹ 所謂不特定債權，是指於最高限額抵押權設定時，擔保債權尚未確定會發生，或是擔保債權雖已發生但有可能其後會消滅或變動，與普通抵押權設定時，擔保債權已確定發生且不會再有變動者不同。更確切言，最高限額抵押權所擔保者，並非是不特定債權，而是不確定債權。

❺ 有認為：「最高限額抵押權乃為將來債權擔保之一種抵押權。」參閱鄭玉波，《民法物權》，第三一七頁。

❻ 謝在全，《民法物權論》（下），第十八頁；蔡明誠，〈論最高限額抵押權之法定化〉，《月旦法學雜誌》，第六十七期，第一二一頁。

擔保此等契約關係存續期間所不斷發生之各筆債權債務，而設定一限定最高額度之抵押權，最為便利。

(三)以最高限額限度內為擔保

在設定最高限額抵押權時，因其係擔保不特定債權，在抵押權設定時，所擔保之債權金額，並無從具體確定。又最高限額抵押權所得優先受償之限度為何，須予限定，其限定之方法則為「最高限額」，亦即僅有在該金額限度內之債權額，始為其優先受償的範圍，此亦為最高限額抵押權與普通抵押權的主要差異所在。

換言之，最高限額抵押權所限定之金額，並非實際擔保之債權數額，實際擔保之債權數額，尚須將來另行確定，不過確定時不得超過此一標準而已。因此判例謂：「最高限額抵押權與一般抵押不同，最高限額抵押權係就將來應發生之債權所設定之抵押權，其債權額在結算前並不確定，實際發生之債權額不及最高額時，應以其實際發生之債權額為準。」❼

二、概括最高限額抵押權是否有效？

概括最高限額抵押權，是指就抵押權人對債務人之一切債權，不限於基於某種特定之法律關係所發生者，凡在最高限額內均予以擔保之最高限額抵押權，例如除抵押權人與債務人間之借貸債權外，因侵權行為及不當得利所生之偶發債務等等，皆列入最高限額抵押權擔保之範圍。此種抵押權是否有效，有正反兩面不同之見解。

否定說者認為，概括最高限額抵押權應予限制，因為最高限額抵押權擔保債權之範圍，本來即可由當事人自由約定。但是概括最高限額抵押權是將債務人與抵押權人間所生之一切債務，均列入擔保之範圍，將會使抵押人負擔不可預期之債務。而且因為擔保債權未劃定一定範圍，抵押物在最高限額範圍內不受拘束，在最高限額約定過高時，將使實際擔保債權額與最高限額間之抵押物交換價值陷於窒息狀態，妨害其交換價值的有效利

❼ 六十二年臺上字第七七六號判例。

用，有違物盡其用之意旨。此外因為概括最高限額抵押權未約定擔保債權之範圍，任何發生之債權可隨時進入擔保之範圍，而抵押權人可能想盡一切方法收集債權，將之列入擔保範圍，如此一來，後次序抵押權人或一般債權人無法預測抵押物應負擔之擔保程度，將遭受不測之損害。因此，概括最高限額抵押權不應予以承認❽。

但是實務上大多默認概括最高限額抵押權之效力❾，認為從契約自由原則而言，不能否定概括最高限額抵押權。概括最高限額抵押權已有最高限額之登記，則抵押權之效力及其限度早已確定且已經公示，對第三人不會發生損害。

否定說雖言之有理，但是如果最高限額抵押權未劃定擔保債權之一定範圍，致抵押物在最高限額範圍內受無限制之拘束，抵押人因此可能負擔不可預期之責任，且有效利用抵押物交換價值以獲取融資之機會將因此而受阻，甚而可能形成抵押權人獨占抵押物交換價值，使債務人或第三人陷入經濟上弱勢之不公平結果。因此，新修正之物權編採取否定說之立場，就最高限額抵押權之擔保債權範圍予以限定，於第八百八十一條之一第一項中明文規定「就債權人對債務人一定範圍內之不特定債權，在最高限額內設定之抵押權」，並且於同條第二項之規定中就最高限額抵押權之擔保債權資格明示其限制。

三、最高限額抵押權從屬性之最大緩和化

抵押權之從屬性分為成立上之從屬性、處分上之從屬性及消滅上之從屬性❿。最高限額抵押權既然為抵押權之一種，自仍有一定之從屬性，否

---

❽　陳石獅，〈有關最高限額抵押之幾個問題〉，《臺大法學論叢特刊》，七十五年，第三一七頁；藍文祥，〈最高限額抵押之理論與實務〉，《法令月刊》，第三十七卷，第九期，第十頁；謝在全，《民法物權論》（下），第三三頁。

❾　八十二年臺上字第一八六〇號判決，八十八年臺上字第三〇七號判決。

❿　謝在全氏認為尚有權利實現上之從屬性。所謂權利實現上之從屬性，是基於抵押權所得優先受償之範圍，以抵押權實行時存在之擔保債權為限。謝在全，《民法物權論》（下），第二一頁。

則將使最高限額抵押權徹底變質。就最高限額抵押權而言，除設定時已發生之債權外，最高限額抵押權於設定後，於確定前，並無特定債權可資從屬，是否可因此認定最高限額抵押權不具有抵押權成立上之從屬性？非也。最高限額抵押權成立之從屬性，是將其債權推移至確定後，以抵押權實行時有無擔保債權以為判斷。我國通說及實務上所認為之抵押權成立的從屬性，是著重於抵押權實行時抵押權須有擔保債權存在。換言之，是將抵押權成立之從屬性及權利實現上之從屬性合而為一，而做觀察。依據此標準，最高限額抵押權仍具一定之成立上從屬性。

另外就處分上從屬性而言，最高限額抵押權於所擔保之債權確定後，因有可從屬之債權存在，如該債權移轉，最高限額抵押權當然須隨同移轉。但若是原債權於確定前讓與他人，則最高限額抵押權是否應隨同移轉？實務對此採取否定之見解，八十六年臺上字第二四九六號判決認為：「最高限額抵押權於原債權確定前，不具一般抵押權之從屬性，故第三人於原債權確定前為債務人清償債務，該受償部分之債權即脫離擔保之範圍，其最高限額抵押權自無從隨同移轉予第三人，為維護最高限額抵押權之上開特性，理應如此認定」。據此判決，債權確定前讓與他人者，其最高限額抵押權不隨同移轉。就此而言，最高限額抵押權移轉上之從屬性，已與普通抵押權相異。此項見解已於新修正之民法第八百八十一條之六的規定中予以明文化。第八百八十一條之六規定：「最高限額抵押權所擔保之債權，於原債權確定前讓與他人者，其最高限額抵押權不隨同移轉。第三人為債務人清償債務者，亦同。最高限額抵押權所擔保之債權，於原債權確定前經第三人承擔其債務，而債務人免其責任者，抵押權人就該承擔之部分，不得行使最高限額抵押權。」

再以消滅上之從屬性言，最高限額抵押權係擔保生生不息之不特定債權，於債權確定前，擔保債權縱然歸於消滅，實際債權額為零時，抵押權仍為擔保將來可能發生之不特定債權而繼續存在，並不消滅，亦即於債權確定前，最高限額抵押權並無消滅上之從屬性可言。

綜合上述所言，相較於普通抵押權，最高限額抵押權之從屬性，可謂

已達最大緩和化❶。

四、最高限額抵押權之社會作用

銀行與客戶之間信用授受，經銷商與製造商，或批發商與零售商之間交易往來，通常不會只有一次，通常是反覆連續發生，常因此不斷發生債權。若欲就此種變動不停之多數個別債權，設定抵押權為擔保，基於普通抵押權之從屬性，須一筆一筆為之，而其擔保之債權一旦消滅，抵押權立即歸於消滅，不能再為餘存債權之擔保而存在，一定要重新設定，因此欲以普通抵押權擔保此種不斷發生之債權，會煩不勝煩，徒增勞費，於講求交易迅速與安全之現代社會，也會造成極大之阻礙。法律上需要有一種制度，以擔保如此類已發生或將來可能發生之不特定債權，最高限額抵押權正符合此項需求，當事人約定一個擔保的最高額度，反覆不斷發生之債權，只要於該所約定之限額內，皆為抵押權擔保效力之所及。如此一來，不僅可以省卻當事人許多麻煩，也不會浪費地政登記機關之資源。而且最高限額抵押權既然是針對長期繼續之交易或信用往來而設定，當事人間必會因長期往來而產生相當之信賴關係，又有最高限額抵押權為擔保，當事人間之交易會獲得更進一步之保障，則當事人間之交易關係會更密切，市場經濟會更活絡。

第二節　最高限額抵押權之設定

最高限額抵押權之成立，與一般抵押權之成立相同，須有當事人之設定行為，並須辦理登記始生效力。但設定最高額抵押權時，設定行為必須約定「最高限度額」，並於辦理登記時標明清楚。

關於最高限額之約定方式，過去實務上有所謂「債權最高限額」及「本金最高限額」兩種。前者是指「原本、利息、遲延利息與違約金等合併計

---

❶ 謝在全，《民法物權論》（下），第二十頁以下。德國就最高限額抵押權從屬性之見解，與我國通說之立場正好相反，其將最高限額抵押權歸屬為「保全抵押權」，必須嚴格遵守從屬性原則，Wilhelm, Sachenrecht, Rz. 718。

算所得受償之債權最高限額」，後者則是「債權原本所得受償之最高限額」。因此於「債權最高限額」時，利息、違約金等須一併計入最高限額，如一併計算超過最高限額時，超過部分即無優先受償權。如果是「本金最高限額」，債權原本以外之利息、遲延利息及約定為擔保範圍之違約金等，當然為抵押權效力所及，不受最高限額之限制，只有債權原本超過最高限額者，始無優先受償之權。

　　換言之，如果登記是「本金最高限額」，因為利息等不計在最高限額內，則其擔保之債權額將無限制，成為無最高限額，第三人因信賴登記將蒙受不測之損害。因此最高法院於民國七十五年第十次民庭會議中決議：「所謂最高限額抵押權，乃為預定抵押物應擔保債權之最高限額所設定之抵押權。如所預定擔保之債權非僅限於本金，雖登記為『本金最高限額新臺幣○○元』，其約定利息、遲延利息及約定擔保範圍內之違約金，固為抵押權效力之所及，但仍受最高限額之限制。故其利息、違約金連同本金合併計算，如超過該限額者，其超過部份，即無優先受償之權。」依據這項決議，實務已排除「本金最高限額」之方式，僅認許債權最高限額之類型而已。

　　物權編修正時即採納上述最高法院之決議，於第八百八十一條之二中規定：「最高限額抵押權人就已確定之原債權，僅得於其約定之最高限額範圍內，行使其權利。前項債權之利息、遲延利息、違約金，與前項債權合計不逾最高限額範圍者，亦同」。

　　依據此規定，設定最高限額抵押權時，就最高限額之約定及登記，應不再有「債權最高限額」及「本金最高限額」之區別。無論所登記者為何，債權原本及利息等合計皆不得超過所登記之最高限額。

　　最高限額抵押權因所約定而需登記之事項較一般抵押權為多，有可能其所擔保之債權無法登記於土地登記簿上，此時實務上認為：「抵押權所擔保之債權，其種類及範圍，屬於抵押權之內容，依法應經登記，始生物權之效力，但如因內容過於冗長，登記簿所列各欄篇幅不能容納記載，可以附件記載，作為登記簿之一部分。因此關係於最高限額抵押權所擔保之債權，雖未記載於土地登記簿，然於聲請登記時提出之最高限額抵押權設定

契約書，有該項債權之登記，此契約書既作為登記簿之附件，自為抵押權效力所及。」❷

🖋 第三節　最高限額抵押權之效力及擔保範圍

最高限額抵押權之效力，原則上與普通抵押權相同，當然可準用普通抵押權相關之規定，因此物權編增訂第八百八十一條之十七之規定：「最高限額抵押權，除第八百六十一條第二項、第八百六十九條第一項、第八百七十條、第八百七十條之一、第八百七十條之二、第八百八十條之規定外，準用關於普通抵押權之規定」。

最高限額抵押權之效力與普通抵押權最大不同者，是最高限額抵押權之效力限定於所約定之最高限定額度內。如果實際發生之債權額超過抵押權所預定之最高額者，則僅以最高額作為抵押權所擔保之債權額，超過之部分即成為無擔保之債權，如果不及此預定之最高限額，則以實際發生之債權額，為抵押權所擔保之債權額。換言之，最高限額抵押權所擔保之債權，須於所預定之最高額範圍內，決定其實際之債權額。因此最高限額抵押權之效力決定於所擔保之債權及其額度。首先須確定那些債權是最高限額抵押權所擔保者，然後需再確定抵押物應清償之額度，始能確定最高限額抵押權之效力範圍。

一、擔保債權

㈠擔保債權之資格

在立法政策上已否定概括最高限額抵押權之效力，故抵押權設定時，抵押權人及抵押人應明確約定最高限額抵押權擔保債權之範圍，並予以登記之。何種債權可為最高限額抵押權之擔保範圍，新增訂之第八百八十一條之一第二項規定有明文限制。據此規定，擔保債權之一定範圍，應是於抵押權設定時由當事人約定，抵押物如果是由債務人自己提供者，當然由

---

❷　八十四年臺上字第一九六七號判例。

債務人與債權人約定，如果是由第三人提供者，則應該由第三人即物上保證人和債權人約定，約定後並須辦理登記，自不待言。此外當事人如果僅是形式上約定一定之範圍，並不符合立法意旨，尚須另約定債權之範圍標準，具實質之限定性及客觀之明確性始可。

依據新增訂之第八百八十一條之一第二項之規定，須符合下列之標準：

1.由一定法律關係所生之債權

抵押權所擔保之債權，本應以因交易所生者為限，非因交易所生之債權，例如因侵權行為所生之債權，本不應列入擔保範圍內。但是如果限制過嚴，將無法滿足社會實際之需求，民法修正案斟酌權衡之結果，遂以「一定法律關係所生之債權」為範圍 [13]。

此謂「一定法律關係」，學說上認為是指債權人與債務人間，足生不特定債權之繼續性法律關係而言，不以契約行為為限，侵權行為或行為以外之事實所生法律關係亦足當之 [14]。

依據此見解，則特定之繼續性交易契約，例如銀行和存戶間所訂立之票據貼現貸款契約，批發商與零售商間繼續性供給商品之契約等所生之債權，皆是合乎資格之擔保債權。因為此等契約是繼續交易契約，是債權人與債務人間所訂立之將來繼續反覆為一定交易之契約，此與上述「一定法律關係」包括債權人與債務人間因契約所生之法律關係正屬相同。

此外非是基於當事人間之交易行為，而是基於當事人間之特定原因繼續發生之債權關係，亦為合乎資格之擔保債權。例如甲工廠陸陸續續所排放之氣體或液體，可能使乙之財產遭受損害，乙基於甲此等反覆發生之侵權行為所生之損害賠償請求權，可要求設定最高限額抵押權。此觀之民法修正條文第八百八十一條之一之修正說明三，舉「侵權行為」作為一定法律關係之例示即可明白。

但是民法修正條文第八百八十一條之一之修正說明三中，所指稱之「由

---

[13] 謝在全，《民法物權論》（下），第四〇頁。

[14] 吳光明，《物權法新論》，第四一七頁；謝在全，《民法物權論》（下），第四二頁。

一定法律關係所生之債權」，並不限於因繼續性法律關係所生之債權，而是包括現有及將來可能發生之債權。因此買賣契約、承攬交易或是消費借貸等亦屬此之所謂「一定法律關係」，由此而生之債權亦具最高限額抵押權之擔保債權的資格。

「一定法律關係」之限定，乃在使擔保債權之範圍具實質限定性及客觀明確性。如果當事人只約定「以契約所生之債權為最高限額抵押權之擔保債權」，當然不合法，因為此種約定形式上似乎已有限定，實質上卻無法達到限定之效果者，客觀上更是不明確。其他例如約定「商業交易關係所生之債權」、「五百萬元以上之債權關係」等，亦非合於第八百八十一條之一之規定的擔保債權。

2.基於票據所生之權利

抵押權人所取得債務人簽發或背書之票據，如果是基於當事人間之一定法律關係而取得，已屬該一定法律關係所生之債權，當然為最高限額抵押權擔保之範圍。

如果抵押權人取得債務人簽發或背書之票據，是因一定法律關係以外之原因者，例如抵押權人為銀行，其客戶將債務人簽發之票據持往貼現或作其他融資是，若未經當事人約定為擔保債權範圍，則不具擔保債權之資格，故為解決此項問題，適應社會及金融業務之需要，民法修正條文第八百八十一條之一第二項遂仿日本民法第三百九十八條之二第三項，明定「基於票據所生之權利」亦屬當事人得約定之擔保債權範圍之一項標準。

抵押權人取得債務人票據之原因，有兩種可能性：第一種是抵押權人經由第三者取得債務人所簽發或背書之票據，此稱為「迴得票據」。第二種是，抵押權人直接由債務人取得其簽發或背書之票據，但取得原因非是基於當事人所約定之擔保債權所由而生之法律關係，而是基於其他原因而取得者，例如當事人約定以買賣關係所生之債權為擔保債權，但債務人另簽發支票向抵押權人借款。這兩種票據皆需當事人另外約定，始能成為最高限額抵押權所擔保之範圍。當事人可於「一定法律關係所生之債權」外，再約定以「票據關係所生債權」為擔保範圍。

但是以迴得票據所生之債權為擔保債權時，如未加限制，有可能發生抵押權人會以各種方法收購債務人之票據，對抵押人、後次序抵押權人或一般債權人不利之情形。尤其是，於債務人資力惡化或不能清償債務，而抵押權人對債務人之債權尚未達最高限額時，抵押權人即可從第三人處廉價受讓債務人之票據，將之列入擔保債權之範圍，經由抵押權之實行優先受償，以獲取不當利益，有違公平，實甚顯然。為防止此種弊害，民法新增訂之第八百八十一條之一第三項，乃參考日本民法第三百九十八條之三第二項規定，明定：「基於票據所生之權利，除本於與債務人間依前項一定法律關係取得者外，如抵押權人係於債務人已停止支付、開始清算程序，或依破產法有和解、破產之聲請或有公司重整之聲請，而仍受讓票據者，不屬最高限額抵押權所擔保之債權，但抵押權人不知其情事而受讓者，不在此限」。是以迴得票據所生之權利作為最高限額抵押權之擔保債權已設有一定之限制。

第八百八十一條之一第三項規定之適用，僅以迴得票據為限，如票據是基於與債務人間一定法律關係，及當事人所約定之擔保債權範圍標準取得者，故無適用之餘地，即使是本於其他原因直接自債務人取得者，亦不在限制之列，此自條文規定「受讓」而非「取得」票據，即可明白。

所謂「基於票據所生之權利」，並非以票款之請求權與票款之追索權為限，應包含利息及所支出之必要費用，及票據法第二十二條第四項所規定之利益償還請求權亦在內。

3.特定債權

最高限額抵押權亦為抵押權之一種，無排除特定債權成為擔保債權之理，但是基於最高限額抵押權擔保不特定債權之特性，因此不得僅以特定債權為擔保債權，而需與其他不特定債權共同約定為擔保債權。例如最高限額抵押權當事人約定以買賣關係所生債權為其擔保債權之一定範圍，若當事人另有一筆借款債權，則一併將之約定為擔保債權❶❺。

---

❶❺ 吳光明，《物權法新論》，第四一九頁；謝在全，《民法物權論》（下），第四三頁。

㈡最高限額

抵押權之最高限額，是指抵押權人基於該抵押權所能優先受償債權之最高限度額數而言，超過該最高限額之債權，仍無優先受償之權。

1.最高限額之計算

實務上於七十五年之決議中已排除「本金最高限額」之方式，僅認許債權最高限額類型而已。此項實務見解在最高限額抵押權未經立法前，具有將其導入正軌，確定其內容之功效。民法修正條文則依據此項實務見解，採取債權最高限額之立法，於修正條文第八百八十一條之二規定：「最高限額抵押權人就已確定之原債權，僅得於其約定之最高限額範圍內，行使其權利。前項債權之利息、遲延利息、違約金，與前項債權合計不逾最高限額範圍者，亦同。」

依據此規定，於最高限額抵押權人計算其「最高限額」時，除確定時之原債權外，尚需包含其所生之利息、遲延利息、違約金等皆應計算在內。

但是實行抵押權之費用，是依強制執行法第二十九條規定辦理，雖不計入抵押權之最高額，依民法修正條文第八百八十一條之十七準用第八百六十一條第一項規定，仍為抵押權效力所及，即優先於最高限額抵押權而受清償，不可不知。

2.債權確定期日

因當事人所約定之最高限額並非實際之債權額，實際之債權額須再行確定。最高限額抵押權未法制化前，當事人常約定有一確定實際債權額之決算期，否則無以確定債權之實際金額。如果當事人未約定決算期者，往往依最高限額抵押權之基礎法律關係而定，應與該項法律關係終了之同時屆至。或者當事人設定最高限額抵押權時，雖未有決算期之約定，卻約定有最高限額抵押權之存續期間，並登記之，則此項期間屆滿之時，亦可認為是決算期。

物權編修正前，於實務承認概括最高限額抵押權之情況下，抵押權存續期間之約定及登記，應解為具有限定擔保債權範圍之意義，其功能與當

事人約定擔保債權所由生之基本契約或其他一定法律關係，可作為限定擔保債權範圍之標準相同❶。

　　現今最高限額抵押權已經法制化，依據民法增訂條文第八百八十一條之四的規定，僅允許抵押權人與抵押人有確定期日之約定，不得再有抵押權存續期間之約定，以免生效力上之疑義。

　　依據第八百八十一條之四的規定：「最高限額抵押權得約定其所擔保原債權應確定之期日」，確定期日是指足使最高限額抵押權之擔保債權歸於確定之特定日期。此項確定期日有由抵押權當事人約定而生者，有因抵押人請求確定而生者，無論何者，一旦屆至，均發生最高限額抵押權所擔保之債權歸於確定之效果。確定期日一經約定，即成為抵押權內容之一部，須經登記始發生效力。

　　為發揮最高限額抵押權之功能，促進現代社會交易活動之迅速與安全，並兼顧抵押權人及抵押人之權益，因此約定之債權確定期日不宜過長或太短，物權編修正案遂參酌我國最高限額抵押權之實務現況，於第八百八十一條之四的第二項中限制此項債權確定期日，自抵押權設定時起，不得逾三十年，逾三十年者，縮短為三十年。又當事人對此三十年之期限，得更新之，因此於該條第三項亦設「前項期限，當事人得更新之」之規定，以符契約自由原則及社會實際需要。

3.確定原債權之請求權

　　當事人就最高限額抵押權未約定確定期日者，將使抵押人受最高限額抵押權之長期負擔，對抵押人甚為不利，因此民法修正時參酌最高法院六十六年臺上字第一〇九七號判例，並仿日本民法第三百九十八條之十九第一項規定，於第八百八十一條之五第一項明定最高限額抵押權所擔保之原債權未約定確定之期日者，抵押人或抵押權人得隨時請求確定其所擔保之原債權，以保障抵押人之權益且符合實際需求。

　　確定請求權之行使，須向抵押權人以意思表示為之，言詞或書面均無不可。此項請求權之行使，足以使最高限額抵押權發生確定效果，可見此

---

❶　六十六年臺上字第一〇九七號判例。

項請求權性質上屬形成權。

對於抵押人或抵押權人請求確定之期日，如另有約定自應從其約定，如無約定為免法律關係久懸不決，宜速確定該期日，因此物權編修正時，於第八百八十一條之五第二項明定確定請求權行使時，除抵押人與抵押權人另有約定外，自請求之日起，經十五日即為確定期日。

最高法院六十六年臺上字第一〇九七號判例認為最高限額抵押契約未定存續期間者，抵押人得類推適用第七百五十四條第一項規定，隨時通知抵押權人終止抵押權契約之見解，於民法修正條文第八百八十一條之五規定施行後，即無適用之餘地。縱然是物權編修正條文施行前所設定之最高限額抵押權，亦應適用新修正之條文❶。

4.共同最高限額抵押權之確定

為擔保同一債權，於數不動產上設定之最高限額抵押權，為共同最高限額抵押權。設定共同最高限額抵押權之數不動產，如其中一不動產發生確定事由者，其他不動產所擔保之原債權有同時確定之必要，因此物權編仿日本民法第三百九十八條之十七第二項規定，於第八百八十一條之十規定:「為同一債權之擔保，於數不動產上設定最高限額抵押權者，如其擔保之原債權，僅其中一不動產發生確定事由時，各最高限額抵押權所擔保之原債權均歸於確定。」

二、最高限額抵押權之變更

㈠當事人合意變更

最高限額抵押權及其擔保之債權，於抵押權確定前，因是長期而繼續性之關係，故其內容非自始即確定不變，而是經常發生變動，因此如果當

---

❶ 民法物權編施行法第十七條:「修正之民法第八百八十一條之一至第八百八十一條之十七之規定，除第八百八十一條之一第二項、第八百八十一條之四第二項、第八百八十一條之七之規定外，於民法物權編修正施行前設定之最高限額抵押權，亦適用之。」

事人於最高限額抵押權未確定前，以合意變更最高限額抵押權之內容，對於一般債權人及後次序抵押權人之利益也不會有影響，物權編遂仿日本民法第三百九十八條之四第一項、第二項，於民法第八百八十一條之三明定：「原債權確定前，抵押權人與抵押人得約定變更第八百八十一條之一第二項所定債權之範圍或其債務人。前項變更無須得後次序抵押權人或其他利害關係人同意。」此謂之最高限額抵押權之變更。

依據第八百八十一條之三，最高限額抵押權變更之態樣，可能有下列情況：

1.擔保債權範圍之變更

修正條文第八百八十一條之一第二項所定債權之範圍，即為當事人所約定之擔保債權範圍，包括一定之法律關係及票據關係在內，抵押權人與抵押人均得於最高限額抵押權確定前，以合意予以變更。當事人不僅可以增加或縮減抵押權所擔保之債權範圍，例如約定擔保因委任保證契約所生之債權及因票據關係所生之債權，變更為擔保因委任保證契約所生債權。尚可以其他法律關係所生之債權取代原本所約定之擔保債權[18]。

須注意的是，變更後屬於新擔保債權範圍之債權，無論是變更後或變更前所生者，均屬最高限額抵押權擔保之範圍，但屬於舊擔保債權範圍之債權，於變更後所發生者，當然不在抵押權擔保範圍，即使是變更前所發生者亦不屬擔保債權之範圍。

擔保債權範圍之變更，須於最高限額抵押權確定前為之，且此項變更涉及最高限額抵押權內容之變動，故變更之合意，應以書面為之，並辦理登記始生效力，自屬當然。又擔保債權範圍之變更須於最高限額抵押權確定前為之，則變更登記自亦須確定前為之，倘於最高限額抵押權確定後，始為變更登記者，縱使變更合意在先，仍不生變更之效力。

2.債務人之變更

原債權確定前，抵押權人與抵押人依據第八百八十一條之三得約定變

---

[18] 有謂此為最高限額抵押權確定前，不具從屬性之一項具體表現。謝在全，《民法物權論》（下），第七三頁。

更其債務人。當事人得約定減少債務人或增加債務人，甚或可以新的債務人取代原先之債務人。

3.確定期日之變更

最高限額抵押權確定之期日，得於確定之期日前，約定變更之（民法第八百八十一條之四第一項後段）。最高限額抵押權之確定期日是由抵押權人與抵押人合意所定，因此其之變更亦須由最高限額抵押權之當事人以合意為之，且亦無須債務人或後次序抵押權人之同意，此均與擔保債權範圍之變更同[19]，自須以書面為之，並辦理登記始生效力。原擔保債權一經確定，無論確定事由為何，即不得再為期日之變更，因為最高限額抵押權既然已經確定，當然無再變更期日之可能。

確定期日之變更，包括確定期日之延長、縮短或廢止。但是於延長之情形，仍然受抵押權設定時起，不得逾三十年之限制。逾三十年者，縮短為三十年。

4.最高限額之變更

最高限額抵押權之限定額是限制抵押權人對抵押物之交換價值支配範圍之重要方法，因此最高限額之變更，無論是增加或減少，均會影響後次序抵押權人或其他利害關係人之利益，民法遂未如日本民法第三百九十八條之五設有准許變更之明文。換言之，民法在立法政策上是採最高限額不得合意變更之立場[20]。

(二)確定前擔保債權或債務之特定繼受

最高限額抵押權具有擔保流動性及變動性債權之特質，因此於最高限額抵押權確定前，其所擔保之個別特定債權如因債權讓與或債務承擔等特定繼受情形，而發生債之關係上之當事人變更時，應使該債權脫離擔保債權之範圍，才能避免法律關係之複雜化[21]。物權編乃因此仿日本民法第三

---

[19] 謝在全，《民法物權論》（下），第七六頁。

[20] 《民法物權編研修資料彙編》（八），第一四四頁、第一四六頁。

[21] 史尚寬，《物權法論》，第二九二頁。

百九十八條之七之規定，增訂第八百八十一條之六的規定。該規定應解為
強制規定，當事人如有相反約定應無效❷。

第八百八十一條之六可從下面兩方面理解：

1. 擔保債權之讓與

最高限額抵押權所擔保之債權，於原債權確定前讓與他人者，其最高
限額抵押權不隨同移轉（第八百八十一條之六第一項前段）。例如最高限額
抵押權所擔保者為抵押權人（債權人）甲與債務人乙因買賣晶片契約所生
之債權，後來抵押權人甲將自該買賣契約所取得，對債務人乙之一百萬元
貨款債權，讓與於丙，則丙所取得對乙之此項一百萬元債權，即脫離最高
限額抵押權之擔保債權範圍，不再是擔保債權，丙不得主張所讓與之一百
萬元債權，仍為最高限額抵押權所擔保。

又第三人為債務人清償債務之情形，例如保證人依第七百四十九條為
清償或第三人依第三百十二條為清償後，承受債權人之債權時，其最高限
額抵押權亦不隨同移轉（第八百八十一條之六第一項後段），以維護最高限
額抵押權之特色，即使其法律關係簡明。

2. 擔保債務之承擔

民法第八百八十一條之六第二項規定：「最高限額抵押權所擔保之債
權，於原債權確定前經第三人承擔其債務，而債務人免其責任者，抵押權
人就該承擔之部分，不得行使最高限額抵押權。」依據此規定，最高限額抵
押權確定前，如其所擔保之個別特定債權，有第三人承擔債務之情形時，
且又為免責之債務承擔時，抵押權人就該承擔之債務，不得行使最高限額
抵押權，因為該債務已脫離擔保債權之範圍，不受最高限額抵押權之擔保
也。

(三)確定前當事人與債務人之概括繼受

1. 法人之合併

原債權確定前，最高限額抵押權之抵押權人與債務人為法人時，如有

---

❷　謝在全，《民法物權論》（下），第七七頁。

合併之情形，其權利義務應由合併後存續或另立之法人概括承受，如此一來抵押人之責任可能加重，例如抵押權人甲公司與債務人乙公司間就晶片買賣契約所生之債權，由丙提供抵押物，設定最高限額抵押權為擔保後，乙公司與丁公司合併而創設戊公司時，最高限額抵押權之債務人當然變更為戊公司，則抵押權不僅擔保合併前甲對乙之債權，亦擔保合併後甲對戊所取得之債權。抵押權人或債務人因合併而改變，不是物上保證人或抵押物第三取得人所能預期，亦不是其所能過問，如果因此加重其責任，未免過苛,故物權編於第八百八十一條之七中賦予抵押人確定原債權之請求權。

依據民法第八百八十一條之七第一項規定，原債權確定前，最高限額抵押權之抵押權人或債務人為法人而有合併之情形者，抵押人得自知悉合併之日起十五日內，請求確定原債權。不論抵押人是否為債務人，只要其為合併之當事人，自無保護之必要，因此皆不得請求確定原債權。

為兼顧抵押權人之權益，自合併登記之日起已逾三十日，抵押人不得再請求確定原債權，是為第八百八十一條之七第一項但書所明定。

抵押人如已行使確定請求權者，為保障其權益，應使原債權溯及於法人合併時確定（民法第八百八十一條之七第二項）。

法人之合併事實上不易得知，為保障抵押人之利益，第八百八十一條之七於第三項明定:「合併後之法人，應於合併之日起十五日內通知抵押人，其未為通知致抵押人受損害者，應負賠償責任。」

原債權確定前，最高限額抵押權之抵押權人與債務人為營業，與他營業依第三百零六條規定合併之情形，事所常有，且法人亦有分割之情形，因此公司法設有股份有限公司分割之規定，為期周延，第八百八十一條之七又仿日本民法第三百九十八條之十二第三項規定,於該條第四項中規定，於性質不相牴觸之範圍內，準用該條前三項之規定。

2.最高限額抵押權當事人之繼承

最高限額抵押權之抵押權人、債務人或抵押人死亡，其繼承人承受被繼承人財產上之一切權利義務，其財產上之一切法律關係，皆因繼承之開始，當然移轉於繼承人，所以最高限額抵押權不會因此而受影響。但當事

人另有約定抵押權人、抵押人或債務人之死亡為原債權確定之事由者，本於契約自由原則，自應從其約定。因此民法於第八百八十一條之十一規定：「最高限額抵押權不因抵押權人、抵押人或債務人死亡而受影響。但經約定為原債權確定之事由者，不在此限。」

第四節　最高限額抵押權之確定

最高限額抵押權之確定，是指最高限額抵押權所擔保之一定範圍內不特定債權，因一定事由發生，歸於具體特定而言。事實上，於確定事由發生後，最高限額抵押權已變成僅就確定時存在之原債權、利息、遲延利息、違約金與其後所生之利息、遲延利息、違約金等債權，於最高限額範圍內予以擔保之抵押權。

最高限額抵押權需予以確定之理由有下列兩個：第一個理由是優先受償之債權及金額有確定之必要。最高限額抵押權所擔保之債權為一定範圍內之不特定債權，其擔保之不特定債權，隨時都有發生之可能，如果不予以確定，則於抵押權實行時，將無法得知那些債權為抵押權擔保之範圍？及抵押物需優先受清償之金額為何？第二個理由則是為保護利害關係人之利益。依強制執行法第八十條之一之規定，不動產如有最高限額抵押權存在，其拍賣最低價額，是否足以清償該抵押權所擔保之債權、其他優先債權及強制執行費用，是一般債權人及後次序抵押權人可否對之聲請強制執行之要件。所以有必要確定該不動產上之最高限額抵押權所擔保之債權及金額。況且最高限額抵押權所擔保之債權如果一直未確定，則於最高限額範圍內抵押物之擔保價值，會一直處於受拘束之狀態，如果有剩餘之擔保價值，亦無法再加以利用，不利於抵押人及其他利害關係人。因此，制度上實有必要使最高限額抵押權歸於確定，以保障抵押人等之利益。

一、確定之原因事由

最高限額抵押權確定之事由規定於民法第八百八十一條之十二。依該條之規定，最高限額抵押權之確定事由可分為：

㈠擔保債權已無發生可能時

擔保債權已無繼續發生之可能時，擔保債權當然歸於確定。民法第八百八十一條之十二第一項中之第一、二、三、四及第七款所規定之事由皆為此類型。

1.約定之原債權確定期日屆至者

最高限額抵押權之當事人雙方約定原債權之確定期日者，於此時點屆至時，最高限額抵押權所擔保之原債權即基於當事人之意思而歸於確定。如果當事人原先約定之確定期日有變更時，於變更之期日屆至時歸於確定。

2.擔保債權之範圍變更或因其他事由，致原債權不繼續發生者

最高限額抵押權本係擔保一定範圍內不斷發生之不特定債權，如因擔保債權之範圍變更或債務人之變更、當事人合意確定最高限額抵押權擔保之原債權等其他事由存在，足致原債權不繼續發生時，擔保債權之流動性即歸於停止，自當歸於確定。因此例如最高限額抵押權設定時，所約定之擔保債權範圍為抵押權人與債務人間因經銷食品契約所生之債權，之後變更為擔保債務人於九十五年一月三日向抵押權人所借之五百萬元特定債權時，不再有不特定債權發生之可能，抵押權當然歸於確定。

但是須是使得原債權確定不再繼續發生之事由，才適用本款之規定，如果只是一時的不繼續發生，當然無法使擔保債權確定。

3.擔保債權所由發生之法律關係經終止或因其他事由而消滅者

最高限額抵押權所擔保之債權，如果是由一定之法律關係所不斷發生者，如該法律關係因終止或因其他事由而消滅，則該債權當然不會再繼續發生，因而歸於確定。例如最高限額抵押權所擔保者是抵押權人與債務人間因繼續性商品供應契約所生之債權，該契約訂有期限，期限屆滿時契約當然終止，則抵押權人與債務人間無再繼續發生債權之可能，因此該最高限額抵押權當然應隨之確定❷❸。

---

❷❸ 此款規定乃採納過去實務上之見解。最高法院八十三年臺上字第一○五五號判例謂：「最高限額抵押契約定有存續期間者，其期間雖未屆滿，若其擔保之債

第八百八十一條之十二第一項第三款所規定之「法律關係之終止」，不但是指該法律關係之當事人任何一方依法行使終止權而使其終止、雙方合意終止，亦包含依照法律規定當然終止等情形在內。所謂法律關係因其他事由而消滅者，則是指法律關係經合法解除，或法律關係附解除條件，之後解除條件成就等情形。

4.債權人拒絕繼續發生債權，債務人請求確定者

債權人拒絕發生債權時，例如債權人與債務人訂立消費借貸契約，就此項契約所生債權，由債務人提供不動產設定一千萬元之最高限額抵押權，雙方約定之確定期日為九十八年七月一日。該抵押權設定後，債權人曾貸與債務人一百萬元，但之後債務人再請求貸款，債權人均置不理，此時為保障債務人之利益，允許債務人請求確定原債權，不須再等待原先約定之確定期日屆至。此時債務人請求確定原債權時，除債務人與債權人另有約定外，自請求之日起，經十五日即為最高限額抵押權之確定期日（第八百八十一條之十二第二項）。

債權人是否拒絕發生債權，須以客觀事實判斷之，如果債權人明示不再繼續貸款或供應承銷貨物，當然是拒絕繼續發生債權。

5.債務人或抵押人經裁定宣告破產者

債務人或抵押人不能清償債務，經法院裁定宣告破產者，應立即清償其債務，最高限額抵押權所擔保之債權當然有確定之必要，否則破產程序無法進行。而且破產是為全體債權人之利益而進行之程序，如果債務人或抵押人經宣告破產後，最高限額抵押權仍未因而歸於確定，尚可以之擔保不特定債權，則債務人或抵押人之整體財產將處於變動狀態，當然不利於全體債權人之利益，而與破產程序存在之意旨有違。

債務人或抵押人一經裁定宣告破產，原債權即隨之確定，不須等到破

權所生之契約已合法終止或因他事由而消滅，且無既定債權，而將來亦確定不再發生債權，其原擔保之存續期間內所可發生之債權，已確定不存在，依抵押權之從屬性，應許抵押人請求抵押權人塗銷抵押權設定登記。」

產裁定確定時❷。但是如果破產之裁定其後因抗告而遭廢棄確定者，則與未宣告破產同，依照本款但書之規定，債權原先確定之效力應歸於消滅，最高限額抵押權遂因而復甦。

第八百八十一條之十二第一項第七款僅規定債務人或抵押人經裁定宣告破產者，原債權即確定，從條文之文義解釋言，抵押人或債務人經裁定許可破產和解或商會和解，或者依公司法裁定公司重整，或有解散之情形等，皆不在本款規定適用之範圍。另外從理論上言，公司解散時，須經清算之程序，於清算目的或了結現務範圍內，公司尚可繼續營業，因此直接以解散作為最高限額抵押權確定事由，自非妥當，於破產和解及商會和解程序中，其理亦同。

債務人或抵押人經裁定宣告破產後，最高限額抵押權即隨之確定，而回復其從屬性，此時如債務人讓與最高限額抵押權所擔保之債權，或以該債權為標的物設定質權予第三人，已確定之最高限額抵押權當然須隨同擔保債權移轉於受讓人或質權人，如果事後破產裁定又經廢棄確定，則原先最高限額抵押權確定之效果須溯及消滅，對受讓債權之第三人或債權質權人實為不利。為保護受讓債權或就該債權取得權利之第三人權益，第八百八十一條之十二又參照日本民法第三百九十八條之二十第二項規定，於該條第三項中規定：「第一項第六款但書及第七款但書之規定，於原債權確定後，已有第三人受讓擔保債權，或以該債權為標的物設定權利者，不適用之。」依據此項規定，已受讓或設質之債權，其原先因債務人或抵押人破產而確定之效力，不因破產裁定遭廢棄而有所變動。

㈡抵押權人實行抵押權或抵押物經查封時

1.最高限額抵押權人實行抵押權時

依第八百八十一條之十二第一項第五款之規定，最高限額抵押權人聲請裁定拍賣抵押物，或依第八百七十三條之一之規定為抵押物所有權移轉之請求時，或第八百七十八條規定訂立契約者，其所擔保之原債權歸於確

❷ 謝在全，《民法物權論》（下），第一〇七頁。

定。因為無論是最高限額抵押權人聲請裁定拍賣抵押物，或依第八百七十三條之一之規定為抵押物所有權移轉之請求，或第八百七十八條規定訂立契約，抵押權人皆有終止與債務人往來交易之意思，未來不再有繼續發生債權之可能，因此宜將此等事由列為原債權確定之事由。

2.抵押物因他債權人聲請強制執行經法院查封時

依第八百八十一條之十二第一項第六款之規定，抵押物因他債權人聲請強制執行經法院查封，而為最高限額抵押權人所知悉，或經執行法院通知最高限額抵押權人者，原債權一歸於確定，抵押物因他債權人聲請強制執行經法院查封，其所負擔保債權之數額，與抵押物拍賣後，究有多少價金可供清償債權有關，自有確定原債權之必要。但是原債權因抵押物經查封而確定之時點應為何？過去實務上是以最高限額抵押權人知悉查封之事實，例如未經法院通知而由他債權人自行通知最高限額抵押權人，或經執行法院通知最高限額抵押權人時，為確定之時點❷⑤。此項見解於物權編修正時，予以明文化，遂將之規定於第八百八十一條之十二第一項第六款。

但抵押物之查封，如因強制執行法第十七條後段、第五十條之一第二項、第七十條第五項及第七十一條等等所規定之原因而撤銷者，如同未實行抵押權之情形，原債權不會因此而確定，事屬當然。故本款但書明定：「但抵押物之查封經撤銷時，不在此限」。但此但書之規定，基於保護抵押物查封後始受讓債權或就該債權設定權利之第三人權益之立場，對該等第三人不適用（第八百八十一條之十二第三項）。

(三)其他確定之事由

除第八百八十一條之十二所規定之確定事由外，最高限額抵押權尚可因下列事由而確定：

(1)最高限額抵押權未約定確定日期者，抵押人或抵押權人可依第八百八十一條之五第一項規定，隨時請求確定其所擔保之原債權。

(2)最高限額抵押權之抵押權人或債務人為法人而有合併之情形者，抵

❷⑤ 最高法院七十八年第十七次民事庭決議。

押人依第八百八十一條之七第一項規定，可以行使債權確定請求權，使債權歸於確定。

⑶抵押權人與抵押人依第八百八十一條之十一但書規定，約定以抵押權人、抵押人或債務人之死亡為其確定事由者，於其死亡事實發生時，該抵押權歸於確定。

⑷於民法所規定之確定事由以外，最高限額抵押權當事人可另以特約約定確定事由，例如約定以抵押權人經宣告破產，作為最高限額抵押權之確定事由。

二、確定後之性質

最高限額抵押權，不論是因何種事由而確定，只要一經確定，擔保債權之流動性即隨之喪失，該抵押權所擔保者由不特定債權變為特定債權，抵押權之從屬性亦立即回復。

確定後由原債權所生之利息、遲延利息與違約金仍繼續為抵押權所擔保，但以與原債權合計不逾最高限額範圍為限，足見債權優先受償金額應受最高限額限制之特性仍繼續存在。

三、確定之效果

㈠最高限額抵押權之擔保債權於確定時歸於確定

最高限額抵押權所擔保之原債權一經確定，其所擔保債權之範圍亦告確定。至於其後繼續發生之債權或取得之票據上之權利則不在擔保範圍。因此物權編於第八百八十一條之十四規定：「最高限額抵押權所擔保之原債權確定後，除本節另有規定外，其擔保效力不及於繼續發生之債權或取得之票據上之權利」。因此就時間點而言，最高限額抵押權所擔保之原債範圍，於確定時發生截斷之作用，將確定時已發生而存在之債權劃為抵押權之範圍，而將確定後發生之債權劃為抵押權範圍之外。

又確定時存在且已具擔保債權資格之債權，其利息、遲延利息、違約

金等，如於確定時已發生，且與原債權合計未逾最高限額時，當然屬於被擔保債權，如於確定後發生者，但未逾最高限額時，依第八百八十一條之二第二項規定亦為擔保效力所及。

(二)法律關係之變化

最高限額抵押權一經確定後，當事人於確定前所得為者，例如擔保債權範圍及債務人之變更、確定期日之變更及原債權確定請求權之行使等，或於確定前可適用之規定，如原債權確定事由之規定，於確定後當事人均不得為之，亦不再適用該等規定。

此外因最高限額抵押權確定後，其從屬性亦隨之回復，故關於普通抵押權從屬性之規定均應適用。例如最高限額抵押權之擔保債權，若經讓與他人者，應改依抵押權從屬性之規定處理之，不再適用第八百八十一條之六之規定。基於最高限額抵押權之特性或為避免法律關係之複雜化而不準用之普通抵押權之規定，例如第八百七十條、第八百七十條之一及第八百七十條之二等之規定，於最高限額抵押權確定後，應回復其適用。

四、擔保債權額結算與普通抵押權變更登記請求權

最高限額抵押權所擔保之原債權於確定事由發生後，其流動性隨之喪失，該抵押權所擔保者由不特定債權變為特定債權，但是其債權實際發生之數額尚未確定，民法於第八百八十一條之十三中賦予債務人或抵押人請求抵押權人結算之權利，是謂擔保債權額結算請求權。

又原債權一經確定，該抵押權與擔保債權之結合狀態隨之確定，此時該最高限額抵押權之從屬性與普通抵押權完全相同，所以第八百八十一條之十三亦允許債務人或抵押人，就已結算之實際債權額，請求變更為普通抵押權之登記。而抵押權人得請求登記之數額，當然不得逾原約定最高限額之範圍，以免影響後次序抵押權人等之權益。

無論是擔保債權額結算請求權，或是普通抵押權變更登記請求權，只需有請求權之債務人或抵押人（應含抵押物之第三取得人），以意思表示為

之即可，如果抵押權人不願協同結算，或辦理變更登記，債務人或抵押人當然可以訴訟請求之。

擔保債權額經結算後，即為實際發生之債權額，抵押權之擔保債權額即歸於確定，而此項債權額應包括最高限額抵押權確定時存在之債權，將來債權及其後所生利息、遲延利息、違約金合計總額（第八百八十一條之二）。

結算後所確定之實際債權額，不僅對債務人、抵押人與抵押權人發生效力，且對行使結算請求權當時存在之利害關係人，例如抵押物之後次序抵押權人，亦有拘束力。

五、確定最高限額抵押權之塗銷請求權

民法第八百八十一條之十六規定：「最高限額抵押權所擔保之原債權確定後，於實際債權額超過最高限額時，為債務人設定抵押權人之第三人，或其他對該抵押權之存在有法律上利害關係之人，於清償最高限額為度之金額後，得請求塗銷其抵押權」，是謂確定最高限額抵押權之塗銷請求權。

最高限額抵押權所擔保之原債權確定後，如第三人願代債務人清償債務，既無害於債務人，亦無損於債權人，應無不許之理。為債務人設定抵押權之第三人，即物上保證人，而對該抵押權之存在有法律上利害關係之人，如後次序抵押權人，如其代債務人清償所確定之債權額後，當然可請求塗銷該最高限額抵押權。如果於實際債權額超過所登記之最高限額時，則物上保證人等僅需清償最高限額為度之金額後，即可請求塗銷抵押權。因此物權編，特仿日本民法第三百九十八條之二十二規定，增訂上述規定。

㈠誰是請求權主體？

請求權主體為物上保證人或其他對最高限額抵押權之存在有法律上利害關係之人，其相對人則為抵押權人。

所謂「其他對該抵押權之存在有法律上利害關係之人」，是物上保證人以外對抵押物因確定最高限額抵押權存在而有法律上利害關係之人，學者

有認為參照日本民法第三百九十八條之二十二規定，應指抵押物之第三取得人、抵押物後次序之地上權、永佃權、農用權、典權或具有對抗第三人效力之承租人等。

債務人同時為抵押人時，是否屬於「其他對該抵押權之存在有法律上利害關係之人」，而得為本條請求權之主體？自條文文義明定「為債務人設定抵押權之第三人」為請求權主體，不使用「抵押人」，顯然有意排除債務人兼為抵押人為其適用範圍，因此應採否定見解為是❷。

㈡請求權之行使

物上保證人等代為清償擔保債權後，最高限額抵押權應歸於消滅，清償債務者即可請求抵押權人協同辦理最高限額抵押權之塗銷登記。本條塗銷抵押權登記請求權是以清償債權為要件，如同因擔保債權受清償而使最高限額抵押權消滅相同，皆是基於抵押權消滅上從屬性之結果❷。

塗銷登記請求權人所清償之擔保債權額僅以最高限額為度，剩餘未清償之擔保債權則變成為無擔保債權。

第五節　最高限額抵押權之準共有

數人共同享有最高限額抵押權者，是為最高限額抵押權之準共有。數人共有最高限額抵押權時，其共有人間之法律關係，原則上應準用所有權共有一節之規定（第八百三十一條）。但是所有權之共有與最高限額抵押權之共有，有其本質上之差異，因此物權編於最高限額抵押權一節中設有最高限額抵押權共有之規定。

民法第八百十一條之九規定：「最高限額抵押權為數人共有者，各共有人按其債權額比例分配其得優先受償之價金。但共有人於原債權確定前，另有約定者，從其約定。共有人得依前項按債權額比例分配之權利，非經

---

❷ 謝在全，《民法物權論》（下），第一一七頁。
❷ 謝在全，《民法物權論》（下），第一一八頁。
❷ 謝在全，《民法物權論》（下），第一二〇頁。

共有人全體之同意，不得處分。但已有應有部分之約定者，不在此限。」

第八百十一條之九第一項所規定是債權人就抵押物賣得價金優先受償之問題。依據此項規定，最高限額抵押權之各共有人優先受償之權利，是以債權額之比例決定之。所謂債權額是指最高限額抵押權確定時，各共有人符合其擔保債權範圍資格之債權，於確定時已存在者之實際總計額而言，例如甲、乙共有二千萬元之最高限額抵押權，擔保債權確定時，甲、乙之債權額分別為一千八百萬元、一千二百萬元，則甲、乙得優先受償之價金各為一千二百萬元、八百萬元是。

但是為使得共有抵押權人對抵押物交換價值之利用更具彈性，並調整其相互間之利害關係，第八百十一條之九第一項於其但書之規定中，允許共有人於原債權確定前，得於同一次序範圍內另行約定不同之債權額比例或優先受償之順序。因此就上述之案例言，甲、乙可於原債權確定前約定受償比例各為二分之一，而非依確定之債權額受清償，如此約定後，縱然實際確定之債權額分別為一千八百萬元、一千二百萬元，但是甲、乙之受清償仍依所約定之比例，各為一千萬。

此項特別約定無論是於抵押權設定時或設定後為之，均無不可，但均須於原債權確定前為之，且須由全體共有人約定。又此項約定屬抵押權之內容，自應辦理登記，始生效力。此項約定僅涉及共有人間之法律關係，對抵押權人及債務人之權益不生影響，因此不須得抵押權人與債務人之同意。

最高限額抵押權之各共有人按債權額分配之比例，性質上與抵押權準共有人之應有部分無異，此項應有部分受該抵押權確定時，各共有人所具有擔保債權金額多寡之影響，具變動性，與一般之應有部分是固定不變者不同，如果允許最高限額抵押權之共有人自由處分其債權額分配之比例，勢必影響其他共有人之權益。所以第八百十一條之九第二項規定，應經共有人全體之同意，各共有人才能處分其按債權額比例分配之權利。但是共有人若依該條第一項但書規定，已為債權額分配比例之約定，即如同已為應有部分之約定，其應有部分不再是流動的，而是固定不變者，其之處分可以回復第八百十九條第一項所規定之自由原則。

第六節　最高限額抵押權之處分

　　最高限額抵押權既為抵押權之一種，依抵押權一般原則，當然亦得處分之。但是處分最高限額抵押權時，須等到其擔保之實際債權額確定後，才能隨同其債權一併轉讓。因為於其擔保之實際債權額確定前，最高限額抵押權並無可從屬之債權，如何轉讓❷？過去最高限額抵押權未明文化之前，學者有認為，除非將該最高限額抵押權之基礎法律關係一併轉讓，否則不得為之，而且這種轉讓除最高限額抵押權人（即讓與人）與受讓人外，尚需債務人之參加，亦即須以三面契約為之始可❸。

　　最高限額抵押權於九十六年三月二十八日法制化之後，其從屬性緩和化之特性亦明文化，因此民法第八百八十一條之六規定，原債權於確定前讓與時，最高限額抵押權不隨之移轉。既然原債權確定前，最高限額抵押權不從屬於原債權，則抵押權人當然也可單獨處分最高限額抵押權。因此，民法第八百八十一條之八規定：「原債權確定前，抵押權人經抵押人之同意，得將最高限額抵押權之全部或分割其一部讓與他人。原債權確定前，抵押權人經抵押人之同意，得使他人成為最高限額抵押權之共有人。」以彰顯最高限額抵押權具有一定之獨立經濟價值的特性，並可因應金融資產證券化及債權管理之實務需求。

　　依據第八百八十一條之八規定，抵押權人可以單獨處分最高限額抵押權之方式有三種：一是將最高限額抵押權全部讓與他人，二是分割最高限額抵押權，讓與其一部分予他人，第三種方式則是使第三人成為最高限額抵押權之共有人。無論是以何種方式處分最高限額抵押權，都要徵得抵押人之同意。

　　抵押權人使第三人成為最高限額抵押權之共有人之型態有二：第一種是第三人單純加入成為共有人，第二種是第三人以受讓應有部分之方式成為共有人。事後當抵押權人實行抵押權時，如果是第三人單純加入成為共

---

❷　七十五年臺上字第一〇一一號判決。

❸　鄭玉波，《民法物權》，第三二〇頁。

有人者，依第八百八十一條之九第一項本文處理，如果是第三人以受讓應有部分之方式成為共有人者，則依第八百八十一條之九第一項但書處理。受讓最高限額抵押權之第三人，為免受讓之最高限額抵押權無擔保債權存在而歸於確定，第三人可與抵押人依第八百八十一條之三之規定，變更擔保債權範圍或債務人，以使最高限額抵押權得繼續存在。

最高限額抵押權之單獨處分行為屬物權行為，依民法第七百五十八條規定，應經登記始生效力。

第七節　最高限額抵押權之實行

普通抵押權，於所擔保之債權已屆清償期，而未受清償時，抵押權人得實行抵押權，就抵押物取償。最高限額抵押權之實行亦同，須於所擔保之債權已屆清償期而未受清償時，權利人始能實行抵押權。但是普通抵押權因必先有擔保債權存在，抵押權才能成立，因此只要抵押權已經登記，而所登記之債權屆清償期未受清償，抵押權人聲請拍賣抵押物，法院應立即准許，不能要求抵押權人提出債權證明。但是最高限額抵押權成立時，不須先有債權存在，因此抵押權人實行抵押權時，須證明有擔保債權之存在，否則法院不得准許拍賣抵押物❸❶。執行法院就債權之是否存在，只能為形式之審查，不能為實體之審理。最高限額抵押權人聲請法院為許可拍賣抵押物裁定時，如已提出債權存在之證明文件，雖遭債務人或抵押人否認該證明文件之真正，而對於抵押債權是否存在有所爭執時，法院須就該證明文件為形式上之審查，而為准駁❸❷。同時法院對該債權是否符合最高

---

❸❶ 七十一年臺抗字第三〇六號判例：「抵押權人聲請拍賣抵押物，在一般抵押，因必先有被擔保之債權存在，而後抵押權始得成立，故只須抵押權已經登記，且登記之債權已屆清償期而未受清償，法院即應准許之。為最高限額抵押，抵押權成立時，可不必先有債權存在，縱經登記抵押權，因未登記已有被擔保之債權存在，如債務人或抵押人否認先已有債權存在，或於抵押權成立後，曾有債權發生，而從抵押權人提出之其他文件為形式上之審查，又不能明瞭是否有債權存在時，法院自無由准許拍賣抵押物。」

❸❷ 最高法院八十年度第四次民事庭會議決議。

限額抵押權擔保債權之資格，亦須一併為形式上之審查，如果經形式上審查，不能認為是擔保債權者，即應駁回抵押權人之聲請❸❸。

擔保債權已屆清償期而未受清償是抵押權實行要件之一，但是最高限額抵押權所擔保之債權為不斷發生之不特定債權，如果欲待所有擔保債權屆期未清償，抵押權人始能實行最高限額抵押權，對抵押權人顯然過苛，因此擔保債權中如有一已屆清償期而未清償者，抵押權人即可實行抵押權，不須等到所有債權皆屆清償期始可❸❹。

第八節　最高限額抵押權之消滅

普通抵押權會因抵押物滅失或抵押權實行而消滅，最高限額抵押權當然亦會因抵押物滅失或抵押權實行而消滅。擔保債權受清償時，基於消滅上從屬性，普通抵押權亦因此而消滅，但是最高限額抵押權在確定前，縱然其擔保債權全數受清償，但是為可能再發生之債權，最高限額抵押權無法消滅，必須繼續存在，此為抵押權消滅上從屬性之例外，必須待最高限額抵押權確定後，已無擔保債權之存在❸❺，或者債務人清償確定後之全部債權，最高限額抵押權基於該確定後抵押權之從屬性，而歸於消滅。

最高限額抵押權所擔保之不特定債權，如其中一個或數個債權罹於時效而消滅者，最高限額抵押權亦不消滅，因為依據民法第一百四十五條第一項之規定，擔保債權罹於時效後，債權人仍可就抵押物求償。但是擔保債權罹於時效消滅後，抵押權人於五年間不實行其抵押權，依據第八百八十條之規定，則抵押權應消滅。第八百八十條之規定於最高限額抵押權已明文排除於準用之列（第八百八十一條之十七）。因為最高限額抵押權所擔

---

❸❸ 八十七年臺抗字第三三號裁定。

❸❹ 謝在全，《民法物權論》（下），第一四一頁。

❸❺ 八十三年臺上字一〇五五號判例：「最高限額抵押契約定有存續期間者，其期間雖未屆滿，然若其擔保之債權所由生之契約已合法終止或因其他事由而消滅，且無既存之債權，而將來亦確定不再生債權，其原擔保之存續期間內所可發生之債權，已確定不存在，依抵押權之從屬性，應許抵押人請求抵押權人塗銷抵押權設定登記。」

保之債權中之一個或數個，縱有因時效完成而消滅者，但是擔保債權仍有繼續發生之可能，因此最高限額抵押權不應因擔保債權罹於時效而消滅，應是繼續存在，而且縱然抵押權人於時效完成後五年不實行最高限額抵押權，最高限額抵押權也不應因此而消滅，應為擔保後續可能發生之其他債權而繼續存在。為貫徹此意旨，物權編於第八百八十一條之十五規定：「最高限額抵押權所擔保之債權，其請求權已因時效而消滅，如抵押權人於消滅時效完成後，五年間不實行其抵押權者，該債權不再屬於最高限額抵押權擔保之範圍。」使得罹於時效而消滅之債權脫離最高限額抵押權擔保之範圍。

如果最高限額抵押權是由物上保證人所設定，或抵押物於抵押權設定後由第三人取得者，於擔保債權確定後，縱然其擔保債權超過最高限額，該物上保證人或抵押物之受讓人，於給付或依法提存相當於最高限額之債權金額，可依第八百八十一條之十六的規定，請求塗銷最高限額抵押權，亦是最高限額抵押權消滅之原因。

 # 第九節　參考案例

甲向乙銀行借貸一千萬，甲之兄長丙為擔保甲之債務與乙訂立保證契約。其後丙唯恐甲於債務到期後無力清償一千萬，為保護自己之財產，聽從友人之建議，雖未向丁銀行借款，但仍以自己僅有之 A 地設定最高額抵押權給丁銀行，約定最高限額為一千二百萬元，擔保債權於民國一〇六年十二月三十一日確定，丙丁於九十六年十一月一日辦理抵押權設定登記完畢。九十八年丙欲與友人赴越南投資，苦無資金之際，憶及先前設定予丁之最高限額抵押權尚未有借貸，丙立即向丁申請貸款五百萬元，然後於九十九年又向丁借七百萬，於一百年時先清償四百萬，於一〇五年又向丁借二百萬，於一〇六年十二月三十一日結算利息，總計貸款利息是五十萬後，丙於一〇七年二月再向丁借貸一百萬。問：最高限額抵押權所擔保之總金額為何？

解析 --

最高限額抵押權是債權人對債務人一定範圍內之不特定債權，預定一最高限額，由債務人或第三人提供不動產予以擔保之特殊抵押權。其特殊之處，乃在於其之從屬性已經緩和化，不若一般抵押權需嚴格遵守從屬性原則，必須所擔保債權先發生抵押權才能發生，就最高限額抵押權言，縱然於設定時未有債權發生，仍不影響其之存在，但是所約定之債權確定期日屆至時，如仍未有債權發生，則最高限額抵押權當然消滅。就本案之事實論，最高限額抵押權設定時，丁對丙雖未有任何債權，但是最高限額抵押權仍然可以設定。如果丙丁所約定之債權確定期日屆至，即民國一〇六年十二月三十一日時，丙丁間確定無債權存在，則原先所設定一千二百萬的最高限額抵押權因成立上從屬性之故，當然消滅。

本案例之問題在於，那些債務屬於最高限額抵押權擔保之範圍，何時確定實際之債權額，及最後所確定之債權額為何。

首先，最高限額抵押權所擔保者，依據新修訂民法第八百八十一條之二之規定，應為原債權、利息、遲延利息及違約金等。因此，除丙向丁所借貸之本金外，借款利息五十萬應算入擔保範圍。

本案中丙丁既已約定確定擔保債權額之日期，即民國一〇六年十二月三十一日，則在此日期前，丙丁間所發生之債權皆是最高限額抵押權所擔保之範圍，在此債權確定期日後所發生之債權則非抵押權擔保之範圍。因此，丙於一〇七年向丁借貸之一百萬元，於確定實際債權額時，不得加入計算。

綜合上述所言，抵押權擔保範圍包含，九十八年之五百萬元債權，九十九年之七百萬元債權，一〇五年之二百萬元債權，及五十萬元之利息債權，於一百年丙清償四百萬元，因此債權總額是一千零五十萬元 (500+700+200+50-400=1050)。因為丙丁所約定之最高限額為一千二百萬元，而確定後之實際債權額僅有一千零五十萬元，未達最高限額，如果丁強制執行拍賣 A 地，只能就一千零五十萬元優先受清償。

甲以自有之Ａ地設定抵押權予乙銀行，約定抵押權擔保之最高額度為五百萬，擔保之債權為甲向乙借貸之債務，擔保債權確定之期日為民國一○二年十二月三十一日。乙之抵押權設定登記完成於九十六年十月一日。甲於九十七年一月首先因購買房屋而向乙申請貸款四百萬，其後又於九十八年六月因購買汽車而再向乙借得五十萬。九十八年十二月，甲因使用乙銀行所發行之信用卡消費共積欠一百萬之債權，故與乙約定Ａ地之抵押權應一併擔保甲所積欠之信用卡債務。一百年一月時，因甲早已停止支付信用卡債務，因此乙銀行將對甲之九十八萬的信用卡債權及其對其他人之信用卡債權一併讓與丙不良債權管理公司。換言之，此時甲尚欠乙銀行四百五十萬之本金及利息，而積欠丙九十八萬之債務。問：以Ａ地所設定之最高限額抵押權，其所擔保之債權為何？

 -

　　依據民法第八百八十一條之一第一項之規定，最高限額抵押權，是債務人或第三人提供其不動產為擔保，就債權人對債務人一定範圍內之不特定債權，在最高限額內設定之抵押權。本案中甲提供自己所有之Ａ地設定最高限額抵押權予乙，並約定最高限額五百萬，以擔保甲乙間之借款債務，因此甲乙間於抵押權設定後，擔保債權確定前，陸陸續續所發生之借貸債權，皆屬最高限額抵押權所擔保之範圍。亦即，甲先後向乙所借得之四百萬及五十萬之債務，及其利息與遲延利息等都是受擔保之範圍。

　　最高限額抵押權之設定不以基本契約或基礎關係存在為必要，雖然設定時須約定擔保債權所由而生之一定範圍，但是此只是在限定抵押權人得主張優先受償之債權範圍，就此而言，擔保債權範圍不需固定於設定時所約定之範圍，因此民法第八百八十一條之三第一項規定，最高限額抵押權

所擔保之債權確定前，抵押權人與抵押人可以約定變更抵押權擔保債權之範圍。據此，抵押權人與抵押人可以於抵押權設定後，合意追加或減少擔保債權之範圍，或以其他債權取代原擔保債權。本案中甲與乙於擔保債權確定前，合意將甲信用卡之債務列入最高限額抵押權擔保之範圍，當然為法所許。

經由甲乙變更擔保債權之約定，甲之信用卡債務亦成為最高限額抵押權所擔保之範圍，但是其後乙將信用卡債權讓與丙，則最高限額抵押權是否隨同讓與丙，不無疑問。如遵循抵押權從屬性之原則，擔保債權讓與時，抵押權應隨同移轉。但是最高限額抵押權對擔保債權之從屬性已緩和，不需擔保債權先成立即可設定，只是抵押權實行時必需有擔保債權存在。換言之，於擔保債權確定前，抵押權與擔保債權間無從屬性可言。因此民法第八百八十一條之六第一項規定，最高限額抵押權所擔保之債權，於原債權確定前讓與他人者，其最高限額抵押權不隨同移轉。依照此規定，乙雖讓與信用卡債權於丙，但是其之最高限額抵押權不隨同移轉予丙，丙所受讓之信用卡債權即脫離最高限額抵押權擔保之範圍。

綜合上述所言，甲以 A 地所設定之最高限額抵押權，所擔保之債權僅限甲向乙借貸之四百五十萬元。

附錄一　案例演習

　　甲提供自己所有價值一千萬之Ａ地，設定抵押權給乙，擔保甲向乙所借貸之六百萬元債權，約定九十六年十一月底清償，其後甲再以Ａ地設定抵押權，向丙借貸三百萬元，約定九十七年一月一日清償。九十六年十一月三十日，甲無力清償對乙之債務，故與乙以書面約定讓與抵押物之所有權以代清償。丙知此情事後十分憤怒，向甲乙表示甲乙之抵押物讓與契約未經登記，所以無效。問：丙之主張有理由嗎？

　　債權清償期屆滿前，預先約定於債權屆期未清償時，抵押物之所有權移轉於抵押權人者，稱之為「流抵契約」或「流質契約」。但是於債權屆期後，以抵押物代為清償之約定，是為「代物清償契約」，兩者不同。雖然擔保物權法未修正前，認為流抵契約對債務人不利，因此明文禁止，但是修正後，卻採「流抵契約自由原則」。

　　依據新增訂第八百七十三條之一，抵押權人與抵押人當然可以於債權清償期前為流抵之約定，但是流抵契約必須登記，否則不得對抗第三人。流抵契約之所以必須登記，是為保護其他債權人及後次序之抵押權人。如果甲乙所約定者為流抵契約，卻未登記，當然無法對抗丙，現今甲乙抵押物讓與契約是債權清償期屆至後所為，非流抵契約，無民法第八百七十三條之一之適用，丙之主張無理由。

而代物清償契約，則依據第八百七十八條：「抵押權人於債權清償期屆滿後，為受清償，得訂立契約，取得抵押物之所有權或用拍賣以外之方法，處分抵押物」之規定，原即為法所許。但是本案中，抵押物 A 地之價值為一千萬，如付予強制執行，加以拍賣之，不僅第一次序抵押權人乙之六百萬債權可獲得清償，第二次序之抵押權人丙之三百萬債權也可獲得清償，如今卻因為甲與乙訂立契約，取得抵押物之所有權以代清償，將害及第二次序之抵押權人丙之利益，依據第八百七十八條但書之規定，不為法所許。因此丙可以此為由，主張甲乙之代物清償契約無效。

甲為擔保其對乙之六百萬債務，除提供自己所有之 A 地設定抵押權給乙外，並拜託其兄弟丙及丁兩人，分別提供 B 地及 C 地設定抵押權予乙，共同擔保乙之六百萬債權。乙之債權屆清償期後，甲無力清償，乙遂向法院聲請同時查封拍賣 A、B、C 三地。拍賣後，A 地賣得四百萬，B 地賣得三百萬，而 C 地賣得二百萬。問：乙之抵押權如何受清償？

 解析

民法第八百七十五條之三規定：「為同一債權之擔保，於數不動產上設定抵押權者，在抵押物全部或部分同時拍賣，而其賣得價金超過所擔保之債權額時，經拍賣之各抵押物對債權分擔金額之計算，準用前條之規定。」本案中債權人乙既然聲請同時拍賣全部之抵押物，且全部抵押物賣得之價金共九百萬元，已超過擔保債權額，則經拍賣之各抵押物對債權分擔金額之計算，應準用第八百七十五條之二之規定。

但是第八百七十五條之二適用時，須注意第八百七十五條之一之有關債務人優先負擔的規定。依第八百七十五條之一之規定，如同時拍賣之抵

押物中有屬於債務人之所有者，抵押權人必須先就該債務人之抵押物賣得價金受償，不足受償之額得再向其他抵押人之不動產求償。因為債務人應是最終承擔清償債權責任之人，於計算各抵押物之內部應分擔額時，債務人不計算在內，故無分擔額可言。

因此，執行法院應將甲所有之 A 地賣得價金先清償乙之債權，A 地賣得價金清償後，剩餘之擔保債權二百萬，再向 BC 兩地求償。於此應準用第八百七十五條之二第一項第一款之規定：「未限定各個不動產所負擔之金額時，依各抵押物價值之比例」，則 B 地應負擔之金額為一百二十萬，即擔保債權 200×(300÷500)，五百萬為 B、C 二地賣得之總價，C 地應負擔之金額為八十萬，即 200×(200÷500)。

執行法院應按上述分配之金額，清償乙之擔保債權，乙對此並無指定或選擇之權。

甲於九十三年十二月間，以其所有之 A 地及其上之 B 屋擔保最高限額一千萬元設定抵押權予乙。抵押權登記完成後，乙立即借五百萬元給甲。甲於九十四年三月返還三百萬元，同年十月再返還二百萬元。九十五年一月甲又向乙借款六百萬元，同年六月甲又再向乙借款五百萬元。九十六年八月，A 地及 B 屋因丙向法院聲請強制執行而遭查封。法院查封 A 地及 B 屋時，甲連同利息共積欠乙一千一百五十萬。問：⑴乙對 A 地及 B 屋之抵押權是否仍存在？⑵如果乙之抵押權仍存在，其所擔保之債權何時確定？

⑴最高限額抵押權，是債務人或第三人提供其不動產為擔保，就債權人對債務人一定範圍內之不特定債權，在最高限額內設定之抵押權。此之

「不特定債權」，是指最高限額抵押權所擔保之債權，自該抵押權設定時起，至確定時止之期間內會因不斷發生或消滅而具有變動性、代替性，與普通抵押權所擔保者乃確定之債權不同。正是因為最高限額抵押權所擔保之債權於確定前，得隨時增減變動，縱使因清償、抵銷等原因，致債權曾一度歸零時，最高限額抵押權不因之而消滅，仍為其後發生之債權而存在。

本案例中，乙之債權雖於九十四年十月因為甲之清償而消滅，但是最高限額抵押權不會因此而消滅，須等到擔保債權確定之期日屆至時，如仍無擔保債權存在，最高限額抵押權才會消滅。

⑵依據第八百八十一條之十二的規定，最高限額抵押權所擔保之原債權，因下列事由之一而確定：⑴約定之原債權確定期日屆至者。⑵擔保債權之範圍變更或因其他事由，致原債權不繼續發生者。⑶擔保債權所由發生之法律關係經終止或因其他事由而消滅者。⑷債權人拒絕繼續發生債權，債務人請求確定者。⑸最高限額抵押權人聲請裁定拍賣抵押物，或依第八百七十三條之一之規定為抵押物所有權移轉之請求時，或依第八百七十八條規定訂立契約者。⑹抵押物因他債權人聲請強制執行經法院查封，而為最高限額抵押權人所知悉，或經執行法院通知最高限額抵押權人者。⑺債務人或抵押人經裁定宣告破產者。

乙之抵押權雖未約定有債權確定之期日，但抵押物因他債權人丙向法院聲請強制執行而遭查封，如果乙知悉此事或執行法院通知乙，則最高限額抵押權所擔保之原債權即確定。最高限額抵押權所擔保之原債權確定後，債務人或抵押人依據第八百八十一條之十三之規定，得請求抵押權人結算實際發生之債權額，並得就該金額請求變更為普通抵押權之登記。但不得逾原約定最高限額之範圍。因此，甲可於乙知悉抵押物遭查封後，請求乙將最高限額抵押權變更登記為一千萬之普通抵押權。

案例4

　　甲公司與乙商行訂立濾水器經銷契約，約定經銷期間五年，為擔保其後各筆貨款之清償，由乙提供自有之土地一筆設定抵押權於甲，約定抵押權擔保之金額最高限額為五百萬。抵押權設定完成一年後，甲公司為丙公司所合併，成為丙公司之一部分。問：⑴甲與乙間之法律關係如何？⑵丙和乙間之法律關係如何？

　　最高限額抵押權所擔保之債權於確定前，具有變動性，尚未具體確定，最高限額抵押權無一特定具體之債權可資從屬，因此，擔保債權確定前，最高限額抵押權無從屬性可言，此由民法第八百八十一條之六的規定可以證明。換言之，最高限額抵押權與擔保債權間之從屬關係，需待擔保債權確定後才存在。於原債權確定前，與其說最高限額抵押權從屬於所擔保之債權，不如說最高限額抵押權從屬於擔保債權所由而生之基礎法律關係❶。

　　基於上述所言，最高限額抵押權所擔保之債權，於原債權確定前讓與他人者，其最高限額抵押權不隨同移轉，但是如果最高限額抵押權所從屬之基礎法律關係，於擔保債權確定前，讓與他人時，最高限額抵押權應一併隨同移轉。

　　公司合併時，無論是創設合併或吸收合併，合併後存續之公司或創設之新公司，皆須概括承受因合併而消滅之公司所有的權利義務，而非選擇性承受特定之權利義務。甲公司為丙公司所吸收合併，因此丙公司需承受甲公司一切之權利義務關係，包括甲與乙之經銷契約。所以，甲丙兩公司合併後，甲乙之經銷契約移轉於丙乙之間，丙成為經銷契約之產品提供的

---

❶　林誠二，〈營業合併時最高限額抵押權之讓與〉，《台灣本土法學雜誌》，第九期，第一○九頁

債務人，貨款收取的債權人。從屬於經銷契約之最高限額抵押權，亦應隨同經銷契約之移轉而移轉於丙，甲與乙間不再有任何法律關係。

案例5

甲以自有之Ａ地設定抵押權給乙，擔保其對乙之五百萬借款。抵押權設定一年後，甲將Ａ地所有權讓與移轉予丙。於債權清償期屆至，甲無力清償借款。問：⑴乙可否對Ａ地強制執行，以該地拍賣之價金清償其債權？⑵如果Ａ地經拍賣得價金四百萬，丙有何權利可主張？

⑴物權，是直接支配其標的物，而享受其利益之具有排他性的權利，因此物權關係為人與物之關係，非人與人之關係。據此意義，所有之物權，不分種類，具有追及效力，物權之標的物，不論輾轉入於何人之手，權利人均得追及其所在而主張其權利。抵押權為物權之一種，當然也具追及之效力。民法第八百六十七條：「不動產所有人設定抵押權後，得將不動產讓與他人。但其抵押權不因此而受影響」之規定，明確宣示抵押權之追及效力。依據此規定，抵押物所有人甲當然可以於抵押權設定後，讓與抵押物給第三人丙，債權人乙之抵押權不會因此受影響，乙仍可於債權屆期未獲清償時，實行對Ａ地之抵押權，拍賣Ａ地。

⑵如果Ａ地經拍賣得價金四百萬，則乙之債權以拍賣價金清償後，尚餘一百萬未獲清償，此剩餘一百萬之債權成為普通債權。丙因乙實行抵押權而喪失對Ａ地之所有權，依據民法第八百七十九條第一項：「為債務人設定抵押權之第三人，代為清償債務，或因抵押權人實行抵押權致失抵押物之所有權時，該第三人於其清償之限度內，承受債權人對於債務人之債權。」之規定，丙於清償之限度內，承受乙對甲之債權，亦即丙可向債務人甲行

使求償權，請求四百萬。

　　當然丙可於抵押物 A 地拍賣前代甲清償債務以保全自己之所有權，同樣地，丙代為清償後也可承受債權人乙對債務人甲之債權，即可向債務人甲求償。丙是物上保證人，所負之責任僅以抵押物 A 地之價值為限，如果抵押物拍賣之價金不足清償全部之債權，物上保證人就不足清償之部分也無需負責。現今 A 地之價值只有四百萬，則丙欲代甲清償債務時，亦只需代為清償四百萬。

　　　　甲於九十年十二月一日，以其所有之 A 地設定抵押權予乙銀行，以擔保甲向乙銀行借款之債權，甲乙除約定最高擔保限額為一千萬元外，並於設定抵押權時約定抵押權之存續期限為十年，自登記完成之日起算。抵押權登記完成後，乙立即借五百萬元給甲，甲於九十四年十二月清償五百萬。九十六年十月甲又向乙借款六百萬元，約定清償期為一○一年十月三十一日。債權清償期屆至，乙未獲清償欲強制拍賣 A 地時，甲可否以抵押權之存續期限已屆滿為由拒絕之？

　　乙可否實行抵押權拍賣 A 地之關鍵點，在於最高限額抵押權是否因存續期限屆滿而消滅。

　　所謂「權利存續期限」，顧名思義，應為權利存在之期間，期限屆滿，權利當然歸於消滅。如地上權之設定若約定有存續期限，則期限屆滿，地上權即歸於消滅，當事人依法得辦理塗銷登記。但是擔保物權因從屬於擔保債權之原故，擔保債權存在，擔保物權即存在，擔保債權消滅，擔保物權即消滅。因此，**抵押權除了第八百八十條所規定之抵押權除斥期間外，**

不應有「權利存續期限」可言。如果當事人約定有「權利存續期限」，顯然是創設抵押權之內容，有違物權法定主義，是無效也❷。

最高限額抵押權所擔保者，為債權人對債務人一定範圍內之不特定債權，因此當事人通常會約定於一定期限內所發生之債權始為最高限額抵押權所擔保之範圍。

如果最高限額抵押權設定時，當事人約定有「權利存續期限」，解釋上，該期限應屬「債權所由而生之期限」，而非抵押權之「權利存續期限」，抵押權不會因該期限屆滿而消滅，而是凡於該約定期限內所發生之債權，均由抵押權所擔保。否則，如果認為最高限額抵押權因該約定之存續期限而消滅，在邏輯上將發生矛盾❸。以本案例言，甲乙所約定之抵押權存續期限於一百年十二月一日屆滿，而擔保債權之清償期卻為一〇一年十月三十一日，即於抵押權存續期限屆滿後，若認為此時抵押權已消滅，則債權將成為無擔保之債權，此顯非債權人所願意，更非債務人及債權人當初約定「抵押權權利存續期限」之本意。

因此，本案中甲乙所約定之抵押權存續期限，應為融資期限，而非抵押權之存續期限。縱然該期限於一百年十二月一日屆滿，乙之最高限額抵押權亦不會因此而消滅，只是最高限額抵押權所擔保之債權於該期限屆滿時確定，期限屆滿後所發生之債權不再是最高限額抵押權擔保之範圍。所以，甲無法以抵押權期限屆滿為由拒絕乙拍賣抵押物。

---

❷ 物權編之修正草案原欲增訂第八百六十條之二：「抵押權約定有存續期間者，其存續期間之約定無效。」之規定。參閱八十八年民法物權編修正草案。

❸ 許仁舉，〈最高限額抵押權設定契約書應填寫「權利存續期限」之探討〉，《土地事務月刊》，第三三五期，第五頁。

附錄二　民法物權編抵押權章修正條文對照表

修正前條文	現行條文
第六章　抵押權	第六章　抵押權
	第一節　普通抵押權
第八百六十條　稱抵押權者，謂對於債務人或第三人不移轉占有而供擔保之不動產，得就其賣得價金受清償之權。	第八百六十條　稱普通抵押權者，謂債權人對於債務人或第三人不移轉占有而供其債權擔保之不動產，得就該不動產賣得價金優先受償之權。
第八百六十一條　抵押權所擔保者為原債權、利息、遲延利息，及實行抵押權之費用。但契約另有訂定者，不在此限。	第八百六十一條　抵押權所擔保者為原債權、利息、遲延利息、違約金及實行抵押權之費用。但契約另有約定者，不在此限。 得優先受償之利息、遲延利息、一年或不及一年定期給付之違約金債權，以於抵押權人實行抵押權聲請強制執行前五年內發生及於強制執行程序中發生者為限。
第八百六十二條　抵押權之效力，及於抵押物之從物與從權利。 第三人於抵押權設定前，就從物取得之權利，不受前項規定之影響。	第八百六十二條　抵押權之效力，及於抵押物之從物與從權利。 第三人於抵押權設定前，就從物取得之權利，不受前項規定之影響。 以建築物為抵押者，其附加於該建築物而不具獨立性之部分，亦為抵押權效力所及。但其附加部分為獨立之物，如係於抵押權設定後附加者，準用第八百七十七條之規定。

	第八百六十二條之一　抵押物滅失之殘餘物，仍為抵押權效力所及。抵押物之成分非依物之通常用法而分離成為獨立之動產者，亦同。 前項情形，抵押權人得請求占有該殘餘物或動產，並依質權之規定，行使其權利。
第八百六十三條　抵押權之效力，及於抵押物扣押後由抵押物分離之天然孳息。	第八百六十三條　抵押權之效力，及於抵押物扣押後自抵押物分離，而得由抵押人收取之天然孳息。
第八百六十六條　不動產所有人，設定抵押權後，於同一不動產上，得設定地上權及其他權利。但其抵押權不因此而受影響。	第八百六十六條　不動產所有人設定抵押權後，於同一不動產上，得設定地上權或其他以使用收益為目的之物權，或成立租賃關係。但其抵押權不因此而受影響。 前項情形，抵押權人實行抵押權受有影響者，法院得除去該權利或終止該租賃關係後拍賣之。 不動產所有人設定抵押權後，於同一不動產上，成立第一項以外之權利者，準用前項之規定。
第八百六十九條　以抵押權擔保之債權，如經分割或讓與其一部者，其抵押權不因此而受影響。 前項規定，於債務分割時適用之。	第八百六十九條　以抵押權擔保之債權，如經分割或讓與其一部者，其抵押權不因此而受影響。 前項規定，於債務分割或承擔其一部時適用之。
	第八百七十條之一　同一抵押物有多數抵押權者，抵押權人得以下列方法調整其可優先受償之分配額。但他抵押權人之利益不受影響： 一、為特定抵押權人之利益，讓與其抵押權之次序。 二、為特定後次序抵押權人之利益，拋棄其抵押權之次序。 三、為全體後次序抵押權人之利益，拋棄其抵押權之次序。

前項抵押權次序之讓與或拋棄，非經登記，不生效力。並應於登記前，通知債務人、抵押人及共同抵押人。因第一項調整而受利益之抵押權人，亦得實行調整前次序在先之抵押權。

調整優先受償分配額時，其次序在先之抵押權所擔保之債權，如有第三人之不動產為同一債權之擔保者，在因調整後增加負擔之限度內，以該不動產為標的物之抵押權消滅。但經該第三人同意者，不在此限。

	第八百七十條之二 調整可優先受償分配額時，其次序在先之抵押權所擔保之債權有保證人者，於因調整後所失優先受償之利益限度內，保證人免其責任。但經該保證人同意調整者，不在此限。
第八百七十一條 抵押人之行為，足使抵押物之價值減少者，抵押權人得請求停止其行為。如有急迫之情事，抵押權人得自為必要之保全處分。 因前項請求或處分所生之費用，由抵押人負擔。	第八百七十一條 抵押人之行為，足使抵押物之價值減少者，抵押權人得請求停止其行為。如有急迫之情事，抵押權人得自為必要之保全處分。 因前項請求或處分所生之費用，由抵押人負擔。其受償次序優先於各抵押權所擔保之債權。
第八百七十二條 抵押物價值減少時，抵押權人得請求抵押人回復抵押物之原狀，或提出與減少價額相當之擔保。 抵押物之價值，因非可歸責於抵押人之事由，致減少者，抵押權人僅於抵押人得受損害賠償之限度內，請求提出擔保。	第八百七十二條 抵押物之價值因可歸責於抵押人之事由致減少時，抵押權人得定相當期限，請求抵押人回復抵押物之原狀，或提出與減少價額相當之擔保。 抵押人不於前項所定期限內，履行抵押權人之請求時，抵押權人得定相當期限請求債務人提出與減少價額相當之擔保。屆期不提出者，抵押

權人得請求清償其債權。

抵押人為債務人時，抵押權人得不再為前項請求，逕行請求清償其債權。

抵押物之價值因不可歸責於抵押人之事由致減少者，抵押權人僅於抵押人因此所受利益之限度內，請求提出擔保。

第八百七十三條　抵押權人，於債權已屆清償期，而未受清償者，得聲請法院，拍賣抵押物，就其賣得價金而受清償。

約定於債權已屆清償期，而未為清償時，抵押物之所有權，移屬於抵押權人者，其約定為無效。

第八百七十三條　抵押權人，於債權已屆清償期，而未受清償者，得聲請法院，拍賣抵押物，就其賣得價金而受清償。

第八百七十三條之一　約定於債權已屆清償期而未為清償時，抵押物之所有權移屬於抵押權人者，非經登記，不得對抗第三人。

抵押權人請求抵押人為抵押物所有權之移轉時，抵押物價值超過擔保債權部分，應返還抵押人；不足清償擔保債權者，仍得請求債務人清償。

抵押人在抵押物所有權移轉於抵押權人前，得清償抵押權擔保之債權，以消滅該抵押權。

第八百七十三條之二　抵押權人實行抵押權者，該不動產上之抵押權，因抵押物之拍賣而消滅。

前項情形，抵押權所擔保之債權有未屆清償期者，於抵押物拍賣得受清償之範圍內，視為到期。

抵押權所擔保之債權未定清償期或清償期尚未屆至，而拍定人或承受抵押物之債權人聲明願在拍定或承受之抵押物價額範圍內清償債務，

	經抵押權人同意者，不適用前二項之規定。
第八百七十四條　抵押物賣得之價金，按各抵押權人之次序分配之。其次序同者，平均分配之。	第八百七十四條　抵押物賣得之價金，除法律另有規定外，按各抵押權成立之次序分配之。其次序相同者，依債權額比例分配之。
	第八百七十五條之一　為同一債權之擔保，於數不動產上設定抵押權，抵押物全部或部分同時拍賣時，拍賣之抵押物中有為債務人所有者，抵押權人應先就該抵押物賣得之價金受償。
	第八百七十五條之二　為同一債權之擔保，於數不動產上設定抵押權者，各抵押物對債權分擔之金額，依下列規定計算之： 一、未限定各個不動產所負擔之金額時，依各抵押物價值之比例。 二、已限定各個不動產所負擔之金額時，依各抵押物所限定負擔金額之比例。 三、僅限定部分不動產所負擔之金額時，依各抵押物所限定負擔金額與未限定負擔金額之各抵押物價值之比例。 計算前項第二款、第三款分擔金額時，各抵押物所限定負擔金額較抵押物價值為高者，以抵押物之價值為準。
	第八百七十五條之三　為同一債權之擔保，於數不動產上設定抵押權者，在抵押物全部或部分同時拍賣，而其賣得價金超過所擔保之債權額時，經拍賣之各抵押物對債權分擔金額之計算，準用前條之規定。

第八百七十五條之四　為同一債權之擔保，於數不動產上設定抵押權者，在各抵押物分別拍賣時，適用下列規定：

一、經拍賣之抵押物為債務人以外之第三人所有，而抵押權人就該抵押物賣得價金受償之債權額超過其分擔額時，該抵押物所有人就超過分擔額之範圍內，得請求其餘未拍賣之其他第三人償還其供擔保抵押物應分擔之部分，並對該第三人之抵押物，以其分擔額為限，承受抵押權人之權利。但不得有害於該抵押權人之利益。

二、經拍賣之抵押物為同一人所有，而抵押權人就該抵押物賣得價金受償之債權額超過其分擔額時，該抵押物之後次序抵押權人就超過分擔額之範圍內，對其餘未拍賣之同一人供擔保之抵押物，承受實行抵押權人之權利。但不得有害於該抵押權人之利益。

第八百七十六條　土地及其土地上之建築物，同屬於一人所有，而僅以土地或僅以建築物為抵押者，於抵押物拍賣時，視為已有地上權之設定，其地租由當事人協議定之。協議不諧時，得聲請法院定之。

土地及其土地上之建築物，同屬於一人所有，而以土地及建築物為抵押者，如經拍賣，其土地與建築物之拍定人各異時，適用前項之規定。

第八百七十六條　設定抵押權時，土地及其土地上之建築物，同屬於一人所有，而僅以土地或僅以建築物為抵押者，於抵押物拍賣時，視為已有地上權之設定，其地租、期間及範圍由當事人協議定之。不能協議者，得聲請法院以判決定之。

設定抵押權時，土地及其土地上之建築物，同屬於一人所有，而以土地及建築物為抵押者，如經拍賣，其土地與建築物之拍定人各異時，適用前項之規定。

第八百七十七條　土地所有人，於

第八百七十七條　土地所有人於設

設定抵押權後，在抵押之土地上營造建築物者，抵押權人於必要時，得將其建築物與土地併付拍賣。但對於建築物之價金，無優先受清償之權。	定抵押權後，在抵押之土地上營造建築物者，抵押權人於必要時，得於強制執行程序中聲請法院將其建築物與土地併付拍賣。但對於建築物之價金，無優先受清償之權。 前項規定，於第八百六十六條第二項及第三項之情形，如抵押之不動產上，有該權利人或經其同意使用之人之建築物者，準用之。
	第八百七十七條之一　以建築物設定抵押權者，於法院拍賣抵押物時，其抵押物存在所必要之權利得讓與者，應併付拍賣。但抵押權人對於該權利賣得之價金，無優先受清償之權。
第八百七十九條　為債務人設定抵押權之第三人，代為清償債務，或因抵押權人實行抵押權致失抵押物之所有權時，依關於保證之規定，對於債務人，有求償權。	第八百七十九條　為債務人設定抵押權之第三人，代為清償債務，或因抵押權人實行抵押權致失抵押物之所有權時，該第三人於其清償之限度內，承受債權人對於債務人之債權。但不得有害於債權人之利益。 債務人如有保證人時，保證人應分擔之部分，依保證人應負之履行責任與抵押物之價值或限定之金額比例定之。抵押物之擔保債權額少於抵押物之價值者，應以該債權額為準。 前項情形，抵押人就超過其分擔額之範圍，得請求保證人償還其應分擔部分。
	第八百七十九條之一　第三人為債務人設定抵押權時，如債權人免除保證人之保證責任者，於前條第二項保證人應分擔部分之限度內，該部分抵押權消滅。
第八百八十一條　抵押權，因抵押	第八百八十一條　抵押權除法律另

物滅失而消滅。但因滅失得受之賠償金，應按各抵押權人之次序分配之。

有規定外，因抵押物滅失而消滅。但抵押人因滅失得受賠償或其他利益者，不在此限。

抵押權人對於前項抵押人所得行使之賠償或其他請求權有權利質權，其次序與原抵押權同。

給付義務人因故意或重大過失向抵押人為給付者，對於抵押權人不生效力。

抵押物因毀損而得受之賠償或其他利益，準用前三項之規定。

第二節　最高限額抵押權

第八百八十一條之一　稱最高限額抵押權者，謂債務人或第三人提供其不動產為擔保，就債權人對債務人一定範圍內之不特定債權，在最高限額內設定之抵押權。

最高限額抵押權所擔保之債權，以由一定法律關係所生之債權或基於票據所生之權利為限。

基於票據所生之權利，除本於與債務人間依前項一定法律關係取得者外，如抵押權人係於債務人已停止支付、開始清算程序，或依破產法有和解、破產之聲請或有公司重整之聲請，而仍受讓票據者，不屬最高限額抵押權所擔保之債權。但抵押權人不知其情事而受讓者，不在此限。

第八百八十一條之二　最高限額抵押權人就已確定之原債權，僅得於其約定之最高限額範圍內，行使其權利。

前項債權之利息、遲延利息、違約金，與前項債權合計不逾最高限額範圍者，亦同。

第八百八十一條之三　原債權確定

前，抵押權人與抵押人得約定變更第八百八十一條之一第二項所定債權之範圍或其債務人。

前項變更無須得後次序抵押權人或其他利害關係人同意。

第八百八十一條之四　最高限額抵押權得約定其所擔保原債權應確定之期日，並得於確定之期日前，約定變更之。

前項確定之期日，自抵押權設定時起，不得逾三十年。逾三十年者，縮短為三十年。

前項期限，當事人得更新之。

第八百八十一條之五　最高限額抵押權所擔保之原債權，未約定確定之期日者，抵押人或抵押權人得隨時請求確定其所擔保之原債權。

前項情形，除抵押人與抵押權人另有約定外，自請求之日起，經十五日為其確定期日。

第八百八十一條之六　最高限額抵押權所擔保之債權，於原債權確定前讓與他人者，其最高限額抵押權不隨同移轉。第三人為債務人清償債務者，亦同。

最高限額抵押權所擔保之債權，於原債權確定前經第三人承擔其債務，而債務人免其責任者，抵押權人就該承擔之部分，不得行使最高限額抵押權。

第八百八十一條之七　原債權確定前，最高限額抵押權之抵押權人或債務人為法人而有合併之情形者，抵押人得自知悉合併之日起十五日內，請求確定原債權。但自合併登記之日起已逾三十日，或抵押人為合

併之當事人者，不在此限。

有前項之請求者，原債權於合併時確定。

合併後之法人，應於合併之日起十五日內通知抵押人，其未為通知致抵押人受損害者，應負賠償責任。

前三項之規定，於第三百零六條或法人分割之情形，準用之。

第八百八十一條之八　原債權確定前，抵押權人經抵押人之同意，得將最高限額抵押權之全部或分割其一部讓與他人。

原債權確定前，抵押權人經抵押人之同意，得使他人成為最高限額抵押權之共有人。

第八百八十一條之九　最高限額抵押權為數人共有者，各共有人按其債權額比例分配其得優先受償之價金。但共有人於原債權確定前，另有約定者，從其約定。

共有人得依前項按債權額比例分配之權利，非經共有人全體之同意，不得處分。但已有應有部分之約定者，不在此限。

第八百八十一條之十　為同一債權之擔保，於數不動產上設定最高限額抵押權者，如其擔保之原債權，僅其中一不動產發生確定事由時，各最高限額抵押權所擔保之原債權均歸於確定。

第八百八十一條之十一　最高限額抵押權不因抵押權人、抵押人或債務人死亡而受影響。但經約定為原債權確定之事由者，不在此限。

第八百八十一條之十二　最高限額

抵押權所擔保之原債權，除本節另有規定外，因下列事由之一而確定：

一、約定之原債權確定期日屆至者。

二、擔保債權之範圍變更或因其他事由，致原債權不繼續發生者。

三、擔保債權所由發生之法律關係經終止或因其他事由而消滅者。

四、債權人拒絕繼續發生債權，債務人請求確定者。

五、最高限額抵押權人聲請裁定拍賣抵押物，或依第八百七十三條之一之規定為抵押物所有權移轉之請求時，或依第八百七十八條規定訂立契約者。

六、抵押物因他債權人聲請強制執行經法院查封，而為最高限額抵押權人所知悉，或經執行法院通知最高限額抵押權人者。但抵押物之查封經撤銷時，不在此限。

七、債務人或抵押人經裁定宣告破產者。但其裁定經廢棄確定時，不在此限。

第八百八十一條之五第二項之規定，於前項第四款之情形，準用之。

第一項第六款但書及第七款但書之規定，於原債權確定後，已有第三人受讓擔保債權，或以該債權為標的物設定權利者，不適用之。

第八百八十一條之十三　最高限額抵押權所擔保之原債權確定事由發生後，債務人或抵押人得請求抵押權人結算實際發生之債權額，並得就該金額請求變更為普通抵押權之登記。但不得逾原約定最高限額之範圍。

第八百八十一條之十四　最高限額抵押權所擔保之原債權確定後，除本節另有規定外，其擔保效力不及於繼續發生之債權或取得之票據上之權利。

第八百八十一條之十五　最高限額抵押權所擔保之債權，其請求權已因時效而消滅，如抵押權人於消滅時效完成後，五年間不實行其抵押權者，該債權不再屬於最高限額抵押權擔保之範圍。

第八百八十一條之十六　最高限額抵押權所擔保之原債權確定後，於實際債權額超過最高限額時，為債務人設定抵押權之第三人，或其他對該抵押權之存在有法律上利害關係之人，於清償最高限額為度之金額後，得請求塗銷其抵押權。

第八百八十一條之十七　最高限額抵押權，除第八百六十一條第二項、第八百六十九條第一項、第八百七十條、第八百七十條之一、第八百七十條之二、第八百八十條之規定外，準用關於普通抵押權之規定。

第三節　其他抵押權

第八百八十三條　本章抵押權之規定，於前條抵押權，及法定抵押權準用之。	第八百八十三條　普通抵押權及最高限額抵押權之規定，於前條抵押權及其他抵押權準用之。

附錄三　參考書目

一、中文部分

1. 王澤鑑，《民法學說與判例研究》（三），作者自版，民國七十年。

2. 王澤鑑，《民法學說與判例研究》（五），作者自版，民國七十六年。

3. 史尚寬，《物權法論》，史吳仲芳、史光華出版，民國七十六年。

4. 史尚寬，《債法各論》，史吳仲芳、史光華出版，民國七十年。

5. 李模，《民法問題研究》，作者自版，民國七十一年六月增訂四版。

6. 李肇偉，《民法物權》，作者自版，民國六十八年。

7. 吳光明著，《物權法新論》，新學林出版，民國九十五年八月。

8. 邱聰智，《新定債法各論》（中），元照出版，民國九十一年十月。

9. 林誠二，〈營業合併時最高限額抵押權之讓與〉，《台灣本土法學雜誌》，第九期，民國八十九年四月。

10. 林誠二，《民法債編各論》（中），瑞興圖書出版，民國九十一年三月。

11. 姚瑞光，《民法物權論》，大中國書局出版，民國八十八年。

12. 倪江表，《民法物權論》，正中書局出版，民國七十年。

13. 曹傑，《中國民法物權論》，商務印書館出版，民國五十三年。

14. 許仁舉，〈最高限額抵押權設定契約書應填寫「權利存續期限」之探討〉，《土地事務月刊》，第三三五期，民國八十八年五月。

15. 孫森焱，《民法債編總論下冊》，作者自版，民國九十五年九月。

16. 陳石獅，〈有關最高限額抵押之幾個問題〉，《臺大法學論叢特刊》，《七十四年度民商事裁判研究專集》，民國七十五年十一月。

17. 陳世榮，《抵押權之實行》，臺灣第一商業銀行出版，民國六十一年。

18. 陳重見，《共同抵押權論》，新學林出版，民國九十六年九月。

19. 黃右昌，《民法物權詮解》，黃宏建出版，民國五十七年。

20. 曾隆興，《詳解損害賠償法》，三民書局出版，民國九十二年初版。

21. 楊與齡，《民法物權》，五南圖書出版，民國七十三年。

22. 鄭玉波，黃宗樂修訂，《民法物權》，三民書局出版，民國九十四年。

23. 鄭玉波，〈代位之研究〉，《民商法問題研究》（一），作者自版，民國七十二年八月四版。

24. 鄭玉波，〈論抵押物之代位〉，《民商法問題研究》（一），作者自版，民國七十二年八月四版。

25. 鄭玉波，〈抵押權與用益權〉，《法令月刊》，第三十八卷，第五期，民國七十六年五月。

26. 鄭玉波，〈論抵押權之不可分性〉，《民商法問題研究》（二），作者自版，民國七十三年十二月三版。

27. 鄭玉波，〈共同抵押之研究〉，《法令月刊》，第三十四卷，第七期，民國七十二年七月。

28. 鄭玉波，〈論抵押權標的物之範圍〉，《民商法問題研究》（二），作者自版，民國七十三年十二月三版。

29. 蔡明誠，〈民法物權編修正系列研討會之四：論最高限額抵押權之法定化——以民法物權編修正草案為探討中心〉，《月旦法學雜誌》，第六十七期，民國八十九年十二月。

30. 劉得寬，〈抵押權之附從性與特定性〉，《民法諸問題與新展望》，作者自版，民國六十九年十一月再版。

31. 劉得寬，〈論抵押權之物上代位性〉，《民法諸問題與新展望》，作者自版，民國六十九年十一月再版。

32. 錢國成，《民法判解研究》，法務通訊雜誌社出版，民國七十四年。

33. 謝在全，《民法物權論》（中），新學林出版，民國九十六年六月。

34. 謝在全，《民法物權論》（下），新學林出版，民國九十六年六月。

35. 魏大喨，〈抵押權人對無權占有抵押物者之排除請求權〉，《民法物權實例問題分析》，五南圖書出版，民國九十年。

36. 藍文祥，〈最高限額抵押之理論與實務〉，《法令月刊》，第三十七卷，第

九期，民國七十五年九月。

二、外文部分

1. Brehm/Berger, Sachenrecht, Verlag Mohr Siebeck, 2000.

2. Eckert, Sachenrecht, Nomos Verlagsgesellschaft, 2002.

3. Muencher Kommentar zum Buergerlichen Gesetzbuch, Band 6, Verlag C. H. Beck, 3. Auflage, 1997.

4. Schapp/Schur, Sachenrecht, Verlag Vahlen, 3. Auflage, 2002.

5. Schreiber, Sachenrecht, Verlag Boorberg, 4. Auflage, 2003.

6. Schwab/Pruetting, Sachenrecht, Verlag C. H. Beck, 31. Auflge, 2003.

買賣　陳添輝　著

　　為什麼買賣契約是債權契約？為什麼出賣他人之物，買賣契約有效？為什麼一物二賣，二個買賣契約均為有效？就買賣的概念而言，一般人的理解與法律規定之間，具有相當大的差異。此種情形係因我國民法主要繼受自德國民法及瑞士民法，而德國民法及瑞士民法又深受羅馬法影響所致。本書盡力蒐集羅馬法及歐陸各國民法之相關資料，希望幫助讀者瞭解買賣制度之沿革發展，進一步正確掌握我國民法有關買賣規定之意義。

繼承　戴東雄　著

　　本書內容主要在說明民法繼承編重要制度之基本概念，並檢討學說與實務對法條解釋之爭議。本書共分四編，第一編緒論，第二編為遺產繼承人，第三編乃遺產繼承，第四編為遺產繼承之方法。本書在各編之重要章次之後，皆附以實例題，期能使讀者了解如何適用法條及解釋之方法，以解決法律問題，並在書後之附錄上，提出綜合性之實例題，以邏輯之推演方法，解決實際之法律問題。

動產所有權　吳光明　著

　　本書主要在敘述「動產所有權」及其相關法律問題，除依民法物權編、民法物權編部分條文修正草案，以及參考九十六年三月二十八日最新公布之新「擔保物權」規定，並敘述其修正說明外，另參考法院實務判決，提出實際發生之案例進行探討。內容包括動產所有權之法律特徵、動產物權之得喪變更、動產所有權之取得時效、動產之善意取得、無主物之先占、遺失物之拾得、埋藏物之發現、動產之添附、不占有之動產擔保、動產之共有等。希望藉由本書將民法中之重要概念抽取出來，以這些概念為切入點，對民法思維體系進行更深入之解析，幫助讀者建立清楚、完整的概念。

Civil Law

確實掌握民法條文奧義
就從 *法學啟蒙叢書——民法系列* 開始

贈 與 郭欽銘 著

本書的特色，是以顯淺易懂的文字及活潑生動的案例，介紹我國民法有關贈與規定之學說與實務見解，期使讀者能將本書知識與現實生活中之法律問題相互印證。在案例演習中，若涉及民法贈與其他相關規定，本書均會詳為論述解說，因此可讓非法律人或法律初學者在閱讀時，能輕易理解其內容。

承 攬 葉錦鴻 著

本書除了介紹承攬的每個條文及其相關實務見解外，對於學說上見解亦有所說明，希望藉由這些解說，可以更加豐富承攬規定的法律適用。本書內容共分成五編，第一編是承攬概說，第二編是承攬人之義務，第三編是定作人之義務，第四編是承攬契約效力之消滅，第五編是合建、委建與承攬，最後附錄所列的問題，則對本書的重點做一個回顧，希望讀者可以清楚瞭解承攬規定之重點。

契約之成立與效力 杜怡靜 著

本書共分為五章，分別為導論與前言(第一章)、契約之成立（第二章）、契約之效力（第三章）、契約之解除與終止（第四章）以及契約法之新趨勢（第五章）等。本書為使初學者能快速建立契約法之基本概念，以深入淺出之方式，於理論基礎之說明上，儘量以簡潔文字並輔以案例加以說明。此外為使讀者融會貫通契約法間之關連性，書末特別附有整合各項契約法觀念的綜合案例演練，促使讀者能夠匯整關於契約法的各項觀念。因此希望讀者務必用心研讀、練習；也希望讀者能藉由本書關於契約法之介紹，進入學習民法之殿堂。